U0140032

狄膺日記

1952

下冊

The Diaries of Ti Ying（Diffoutine Yin）

1952

- Section II -

狄　膺　原著

王文隆　主編

民國日記｜總序

呂芳上
民國歷史文化學社社長

人是歷史的主體，人性是歷史的內涵。「人事有代謝，往來成古今」（孟浩然），瞭解活生生的「人」，才較能掌握歷史的真相；愈是貼近「人性」的思考，才愈能體會歷史的本質。近代歷史的特色之一是資料閎富而駁雜，由當事人主導、製作而形成的資料，以自傳、回憶錄、口述訪問、函札及日記最為重要，其中日記的完成最即時，描述較能顯現內在的幽微，最受史家重視。

日記本是個人記述每天所見聞、所感思、所作為有選擇的紀錄，雖不必能反映史事整體或各個部分的所有細節，但可以掌握史實發展的一定脈絡。尤其個人日記一方面透露個人單獨親歷之事，補足歷史原貌的闕漏；一方面個人隨時勢變化呈現出不同的心路歷程，對同一史事發為不同的看法和感受，往往會豐富了歷史內容。

中國從宋代以後，開始有更多的讀書人有寫日記的習慣，到近代更是蔚然成風，於是利用日記史料作歷史

研究成了近代史學的一大特色。本來不同的史料，各有不同的性質，日記記述形式不一，有的像流水帳，有的生動引人。日記的共同主要特質是自我（self）與私密（privacy），史家是史事的「局外人」，不只注意史實的追尋，更有興趣瞭解歷史如何被體驗和講述，這時對「局內人」所思、所行的掌握和體會，日記便成了十分關鍵的材料。傾聽歷史的聲音，重要的是能聽到「原音」，而非「變音」，日記應屬原音，故價值高。1970年代，在後現代理論影響下，檢驗史料的潛在偏見，成為時尚。論者以為即使親筆日記、函札，亦不必全屬真實。實者，日記記錄可能有偏差，一來自時代政治與社會的制約和氛圍，有清一代文網太密，使讀書人有口難言，或心中自我約束太過。顏李學派李塨死前日記每月後書寫「小心翼翼，俱以終始」八字，心所謂為危，這樣的日記記錄，難暢所欲言，可以想見。二來自人性的弱點，除了「記主」可能自我「美化拔高」之外，主觀、偏私、急功好利、現實等，有意無心的記述或失實、或迴避，例如「胡適日記」於關鍵時刻，不無避實就虛，語焉不詳之處；「閻錫山日記」滿口禮義道德，使用價值略幾近於零，難免令人失望。三來自旁人過度用心的整理、剪裁、甚至「消音」，如「陳誠日記」、「胡宗南日記」，均不免有斧鑿痕跡，不論立意多麼良善，都會是史學研究上難以彌補的損失。史料之於歷史研究，一如「盡信書不如無書」的話語，對證、勘比是個基本功。或謂使用材料多方查證，有如老吏斷獄、法官斷案，取證求其多，追根究柢求其細，庶幾還

原案貌，以證據下法理註腳，盡力讓歷史真相水落可石出。是故不同史料對同一史事，記述會有異同，同者互證，異者互勘，於是能逼近史實。而勘比、互證之中，以日記比證日記，或以他人日記，證人物所思所行，亦不失為一良法。

從日記的內容、特質看，研究日記的學者鄒振環，曾將日記概分為記事備忘、工作、學術考據、宗教人生、游歷探險、使行、志感抒情、文藝、戰難、科學、家庭婦女、學生、囚亡、外人在華日記等十四種。事實上，多半的日記是複合型的，柳貽徵說：「國史有日歷，私家有日記，一也。日歷詳一國之事，舉其大而略其細；日記則洪纖必包，無定格，而一身、一家、一地、一國之真史具焉，讀之視日歷有味，且有補於史學。」近代人物如胡適、吳宓、顧頡剛的大部頭日記，大約可被歸為「學人日記」，余英時翻讀《顧頡剛日記》後說，藉日記以窺測顧的內心世界，發現其事業心竟在求知慾上，1930 年代後，顧更接近的是流轉於學、政、商三界的「社會活動家」，在謹厚恂恂君子後邊，還擁有激盪以至浪漫的情感世界。於是活生生多面向的人，因此呈現出來，日記的作用可見。

晚清民國，相對於昔時，是日記留存、出版較多的時期，這可能與識字率提升、媒體、出版事業發達相關。過去日記的面世，撰著人多半是時代舞台上的要角，他們的言行、舉動，動見觀瞻，當然不容小覷。但，相對的芸芸眾生，識字或不識字的「小人物」們，在正史中往往是無名英雄，甚至於是「失蹤者」，他們

如何參與近代國家的構建，如何共同締造新社會，不應該被埋沒、被忽略。近代中國中西交會、內外戰事頻仍，傳統走向現代，社會矛盾叢生，如何豐富歷史內涵，需要傾聽社會各階層的「原聲」來補足，更寬闊的歷史視野，需要眾人的紀錄來拓展。開放檔案，公布公家、私人資料，這是近代史學界的迫切期待，也是「民國歷史文化學社」大力倡議出版日記叢書的緣由。

狄膺日記導言

王文隆
南開大學歷史學院副教授

一、狄膺生平

狄膺（1896-1964），江蘇省太倉縣瑱涇鎮人，為溧陽（舊稱平陵）胥渚狄氏之衍族，原名福鼎，字君武，自號邃思齋主、平常老人，1896 年 1 月 3 日（光緒 21 年 11 月 19 日）生於瑱涇鎮，為長子，上有一姐穎芬，下有福震、福晉、福豫三弟，育有原滄（字公望）、原溟（字寧馨）二子。[1] 曾祖父狄勳為生員，嗣祖父狄本仁為國學生，生祖父狄景仁業儒，太平天國之亂後改執棉布業，父親狄為璋曾舉太倉州學秀才第一，上海龍門師範學堂文科卒業，時為私塾老師，後任小學教員及校長，母親陸藏貞。先生五歲認字，1906 年（光緒 32 年）改入高等小學，1908 年（光緒 34 年）冬考入龍門師範學堂，在學五年期間，經歷了辛亥革命，該校改名為江蘇省立第二師範學校，1914 年畢業後，至崑山縣第二高小任教達一年半。[2]

1916 年，先生以國學特別優長，考入北京大學哲學系，名列第八。羅家倫回憶道：

---

1 狄膺，〈十載追思〉，狄君武先生遺稿整編小組編，《狄君武先生遺稿》（臺北：中國國民黨黨史史料編纂委員會，1965），頁 10；平陵狄氏宗譜續譜編修工作組，《平陵狄氏宗譜》（北京：家屬自印，2018），頁 19。

2 狄膺，〈狄膺自傳〉，狄君武先生遺稿整編小組編，《狄君武先生遺稿》，頁 2-3。

　　狄君武先生與我相識遠在 1917 年北京大學西齋 4 號房間。這號房間裡共住 4 人，為傅孟真、顧頡剛、周烈亞、狄君武。我因為同孟真、頡剛都對文學革命運動有很大的興趣，故常到 4 號商討編撰和出版《新潮》問題。君武此時雖在哲學系，卻愛好「選學」，常常填詞作曲以就正於黃季剛、吳瞿安兩先生。烈亞則治佛學，後來做西湖某大叢林的住持。「道並行而不相悖」，正是當時的氣氛。[3]

　　1919 年，五四運動爆發，許多知識青年紛紛走上街頭抗爭，也有許多學生被捕入獄。羅家倫也回憶與狄膺參與的一段：

　　到了「五四」運動發生的時候，波濤洶湧，君武見外患日迫，軍閥專橫，於是一變其文人積習，而投身於此一運動。如營救五四到六三間陸續被捕之同學一幕，他和我在晚間帶了些食品和內衣等到警察廳內的看守所去「探監」。一進廳門，衛兵均以刺刀相向。我要和他一道進去，他力阻我同去。他說：「他們認得你，不認得我。」又說：「你會同他們爭執，讓我單獨去罷！」我不肯，終於同進去。他以和善口吻，說太倉人學講的北京話，對方看他是一個十足的文弱書生，態度也就和緩下來了。這是他在「秀才遇到兵」的場合中，能應變的一幕。以後幾次類似的交涉，同學們都推他去辦。[4]

3　羅家倫，〈前言〉，狄君武先生遺稿整編小組編，《狄君武先生遺稿》，頁 1。
4　羅家倫，〈前言〉，頁 1。

可見狄膺在學潮中之處事應對得當，分寸拿捏得宜。

1919 年夏天畢業後，狄膺回到江蘇省立第二師範母校任教，次年 1 月與任教於小學的顧瑛（字綴英）結婚。1921 年 7 月，狄膺響應吳稚暉的號召，參加勤工儉學行列，赴法就學於中法大學研究院為特別生，並於留法期間加入中國國民黨。1925 年冬因父親重病，自法歸國甫一個月，父親便過世。1926 年夏赴廣州，供職於國民黨中央政治會議祕書處，和葉楚傖共事，自此參與黨政工作。1927 年，南京國民政府建立後，歷任國民黨南京市黨部宣傳部部長、國民黨江蘇省黨部指導委員。1931 年 10 月起任立法委員，後於 1933 年與 1935 年連任。黨務工作方面，1935 年，他當選為國民黨第五屆候補中央監察委員。1938 年，任國防最高委員會第三處處長。1942 年 12 月，任國民黨中央執行委員會副祕書長。[5] 1945 年，任國民黨第六屆中央執行委員、中央監察委員會祕書長。抗戰勝利後，當選為制憲國民大會代表。1947 年，任中央政治委員會委員。1948 年，在戶籍地以三十萬票高票當選為第一屆立法委員。1949 年，國共內戰局勢丕變，自成都經海口遷至臺灣，妻子滯留南京，原滄、原溟兩兒滯留北平，分別就讀北大與清華，狄膺孤身一人赴臺，血親僅二房姪長女狄原湛和其夫婿施文耀來臺。1950 年，任國民黨中央改造委員會紀律委員會副主任委員。1952 年，改任黨史史料編纂委員會副主任委員，為主委羅家倫之副手，並為國民黨中央第七至九屆中央評議委員。黨史史料編纂委員會副主任委員一職可謂閒缺，加以立法委員之收入，生活大抵無虞，然因家人皆

5　狄膺，〈狄膺自傳〉，頁 3-4。

不在身邊，家無定居，食無定所。[6] 或因他在臺孤身一人，經常出外遊覽，對於同鄉活動參與頗多，對後進照顧亦深。1955 年 6 月中，因糖尿病引發眼底視網膜血管破裂，左眼失明，目力漸衰，以單一目視，書寫行斜字歪。[7] 狄膺入臺北廣州街中心診所診治，後送至聯勤醫院，醫師吳靜稱他有六病，一齒、二腰、三糖尿、四慢性膽囊炎、五眼翳障、六機能性腦血管痙攣，身體狀況惡劣，這使得他在 1955 年 4 月至 6 月及 1955 年 7 月至 9 月兩冊日記的封面，特別寫上了「病」字。[8] 身體漸弱後，他鮮少應允外界題字的請託，然于右任於 1958 年在臺北復辦粥會，該會以「閒話家常，笑談古今」為宗旨，洽合先生寓於詩文的雅緻，故積極參與，並於次年粥會欲置辦會所時，勉力提筆，鬻字贊助，協助集資。[9]

先生晚年困於糖尿病，身體欠佳，不僅視力受損，且患有慢性腹瀉，1962 年清明節前遊歷新竹，返家發現右肢麻木，口不能言，驚覺中風，送榮民總醫院緊急救治，而後時臥病榻，至 1964 年 3 月 15 日因感染肺炎辭世，享年七十歲。[10] 狄膺過世後，因無家人在臺，全由國民黨中央協助照料後事並舉辦公祭，出席者二千餘人，同年 6 月 28 日，葬於新竹市青草湖畔靈隱寺旁自擇墓地。限於兩岸政治分隔，狄膺墓地由姪女一家維護，狄膺直

---

6 〈狄膺先生事略〉，國史館編，《國史館現藏民國人物傳記史料彙編》，第 11 輯（臺北：國史館，1994），頁 137-138。

7 狄膺，〈除夕歲前短語〉，狄君武先生遺稿整編小組編，《狄君武先生遺稿》，頁 84；狄膺，〈學書自敘〉，狄君武先生遺稿整編小組編，《狄君武先生遺稿》，頁 87。

8 狄膺，《遼思齋日記》，1955 年 6 月 29 日，《狄膺檔案》，中國國民黨黨史館藏，檔號：膺 1317.25。

9 〈重建粥會聚會所 狄膺鬻字籌款〉，《中央日報》，1959 年 9 月 27 日，第五版。

10 杜負翁，〈悼狄膺〉，《中央日報》，1964 年 3 月 19 日，第六版。

系子孫直到兩岸和緩後，才獲准赴臺祭掃。

二、《狄膺日記》的來由

　　狄膺生前最終黨職為黨史會副主委，因他的直系親屬都滯留大陸，其後事全由黨部同仁操辦，在兩岸敵對的大環境下，狄膺身後遺留的財產與負債僅能由中央黨部代為處理。為此，黨部特別組織狄膺先生遺物委員會，由時任交通部政務次長的張壽賢為主席，除邀請黨部相關單位派員參與之外，亦邀請姪女婿施文耀為家屬代表出席。委員會決定狄膺遺產中，收支絀餘扣除應納稅款以及親友積欠後賸下近二萬二千元新臺幣移作治喪費用，豁免狄膺積欠黨部與黨史會的近五萬元，協助出售金華街房產之剩餘部分填入治喪款中，鋼筆、輓聯及私人用具交施文耀收存，另密函狄夫人報喪，並收得狄夫人回函。[11] 中央公教人員保險金的出險部分，匯存香港上海銀行，以狄夫人名義存入，曾成功匯撥一筆三百港幣進入大陸。或因大陸當時政治氣氛影響，後狄夫人來信關切出售房產之剩餘，並告以暫緩匯款。[12] 依照委員會決議，實體文物由黨史會史庫收存，納為館藏，包括狄膺之日記、家譜、賬本、金石、相簿、文件、圖書等。在狄膺先生遺物委員會的紀錄中，雖稱接獲狄夫人來函，但文件中未見存檔，然從狄夫人曉得狄膺之房產處置以及保險金收取等事推斷，委員會之決

---

11 「狄君武先生遺物處理委員會第一次會議」（1964 年 4 月 21 日），《狄膺檔案》，中國國民黨黨史館藏，檔號：膺 685-2；「狄君武先生遺物處理委員會第五次會議」（1964 年 9 月 11 日），《狄膺檔案》，中國國民黨黨史館藏，檔號：膺 685-6。

12 「狄君武先生遺物處理委員會第四次會議」（1964 年 9 月 11 日），《狄膺檔案》，中國國民黨黨史館藏，檔號：膺 685-5；「狄君武先生遺物處理委員會第五次會議」（1964 年 11 月 14 日），《狄膺檔案》，中國國民黨黨史館藏，檔號：膺 685-6。

議狄夫人理應知情，而委員會中亦有姪女婿代表家屬發言，對於委員會的決定也應知曉。大陸歷經多次政治運動與文化大革命的動盪，狄家因狄膺為國民黨高級幹部，也多受牽連。狄夫人於1978年辭世。狄原滄、原溟二子，自從兩岸開放之後，才得赴臺祭掃，並多次去函國民黨表達取回狄氏家譜，以及部分私人物品、照片、金石的願望，然皆未果。

筆者自2012年10月接任中國國民黨文傳會黨史館主任，在史料庫房搬遷完竣之後，恢復資料開放，也將《狄膺日記》列上開放時程。狄家後人於2015年5月，一方面透過狄原溟之女狄蘭來函，一方面透過姪女狄源湛之子施銘成、施銘賢親訪，再度表達希望黨部歸還家譜的願望，經轉陳文傳會主委林奕華，再續報祕書長李四川同意後，於該年6月2日將家譜、戶口名簿、病歷、部分私人照片及印鑑等奉還家屬代表狄蘭查收。黨史館復藉此機會取得家屬同意，在館內開放《狄膺日記》及其賬本。因為此番結緣，2020年時也獲得家屬同意與授權，藉由民國文化學社協助，將《狄膺日記》鍵錄出版，俾利學界研究利用，深謝家屬慨允與學社的支持，歷經三年時間的整理，共得百萬餘字的日記，分批出版。

三、《狄膺日記》的價值

狄膺向有做紀錄的習慣，主要有兩類，一是賬本，一是日記。前者始自1933年，終於1962年3月的《不宜悉記，不可不記》，共十二冊。狄膺記賬始於上龍門師範學堂一年級時，當時一個月僅得十元，必須記賬撙節，而自記賬本取名有其思路，他說「不宜悉記者，記賬時偶忘之，不苦加思索，施不則償，不必誌其姓氏；不可不記者，人之厚我，我所欠人，何可一日忘之者

是也。」[13] 雖說是不宜悉記，但賬本內容鉅細靡遺，舉凡各項收入、日常飯食、往來交際、生活採買、車船交通、納款繳費，只要是錢款往來，幾乎無一不錄，由是透過他的賬本，不僅能呈現出一部穿越抗戰、內戰及至遷臺的社會史，也能是觀察貨幣與通澎的經濟史。後者為始自 1950 年 1 月，終於 1960 年 12 月的《邃思齋日記》，共四十七冊，主要集中在遷臺之後的記述。狄膺寫日記，開始得很早，從他八歲開始便就有不全的日記，十四歲起陸續成冊，自題為《雁月樓日記》。結婚之後，仍有撰寫日記的習慣，但因將同太太爭執的細節也寫進日記，惹得太太不高興抗議，才不再寫。留法期間曾做記事，返國後因任職中央政治會議祕書，擔心一不小心洩漏機密，暫停日記，直到遷移來臺之後，才復記日記。[14] 日記的內容一如賬簿一般瑣碎，除了流水賬式的記事之外，也將友人的聯繫方式、往來信函、時事感言、故事雜記、奇聞軼事散記其中，甚至連吃飯的桌次、菜譜都不漏。一日之記事最多能達數頁，舉凡天氣、路況、心情、談話與路徑都能寫入，間或夾雜 1950 年之前的追記與回憶，可說無所不包。

對於書寫來說，瑣碎是一項缺點，但對於史料價值而言，瑣碎有時反而留存了更多資訊。或因狄膺在臺灣大多時間自甘平淡，對於官場、權勢、財富都沒有強烈慾望，家人多不在身邊也少了些許煩惱，有了大把時間可以記事，將走訪各地的見聞，與朋友、同鄉、粥會的往來，化為文字，搭配上羅家倫為其編輯出版的《狄君武先生遺稿》很能作為政府遷臺初期日常生活史、社

13 狄膺，〈（七）〉（1944 年 9 月 1 日），狄君武先生遺稿整編小組編，《狄君武先生遺稿》，頁 42。

14 狄膺，〈邃思齋日記序〉，狄君武先生遺稿整編小組編，《狄君武先生遺稿》，頁 88。

會經濟史、飲食文化史的素材，對於了解外省族群來臺後的情況也能有所管窺。於目前史學界流行的戰後離散史之研究提供絕佳資料。只可惜狄膺來臺之前的日記與圖書，因戰亂關係，已經全數佚失，現僅存來臺之後的部分，之前的相關內容完全闕如，不無遺憾。

四、結語

　　狄膺自號「平常老人」，寓意為「一個普通的年邁者」，然而這個孤身來台的普通人，雖能藉著參與北大校友會、蘇松太同鄉聯誼會，以及台北粥會的機會，與友朋交遊，到各處就餐，或是前往姪女處走動，但總還是常念及滯留大陸的妻小，有時還會悲從中來。1951 年 1 月 2 日元旦假期期間，自記：「今晨在動物園見母猴偎乳其獼，為之捉蚤，親愛之極，無可比方。頓念先慈恩愛，又惜二兒長違，心痛淚流，難以解釋。」[15] 這份「難以解釋」，除了對家鄉和孩子的思念之外，也是深知兩兒滯留大陸且與自己立場不同，終是難以再見的悲苦，只能暗自淚眼婆娑，不足為外人道也。相似的心緒，偶而也會在他心中浮起，他左眼失明後的第一個除夕夜裡，自記道：「余過除夕，不能不憶家鄉，又不能不憶已過之穎姊、祝妹、受祥，遠離之公望、寧馨。余子然一身，中心起伏萬狀，遇節更悲，非他人所可體會也。」[16] 這位普通老人的心情，在大時代洪流的衝撞下，也有他難以言喻的一面。

---

15 狄膺，《邃思齋日記》，1951 年 1 月 2 日，《狄膺檔案》，中國國民黨黨史館藏，檔號：膺 1317.3。

16 狄膺，《邃思齋日記》，1956 年 2 月 11 日，《狄膺檔案》，中國國民黨黨史館藏，檔號：膺 1317.28。

　　史料為公器，資料公開能使過去撥雲見日。黨史館所藏《狄膚日記》在家屬的支持下，不刪改任何一字，不遮掩任何一段，全部判讀後鍵錄出版，是一份新史料的公布，也是一份新素材的揭露，吾人能透過狄膚手書的紀錄，回過頭去看看 1950 年代臺灣社會的種種，無論是採取個人史的微觀，或是將狄膚所記作為取材的一項，都頗具價值。

民國史百寶箱：
《狄膺日記》與我

劉維開
國立政治大學歷史學系退休教授

　　民國歷史文化學社要出版前中國國民黨黨史史料編纂委員會副主任委員狄膺遺存的日記，編輯們由日記中知道狄膺生前與先父劉象山多有往來，要我對日記的出版寫一些話。

　　狄膺過世的時候，我年紀還小，不確定在他生前有沒有見過，但是在他過世後，印象中有一年，先父母帶著我和妹妹專程到新竹青草湖拜謁狄膺墓，父親在墓前說「給狄公公行禮」，帶領我們恭敬的行三鞠躬禮。狄膺過世後，他的資料保存在黨史會，我到黨史會工作後，偶有機會與管理史料的阮繼光先生談話，他不止一次的對我說：「狄膺檔案中有不少你父親的資料」，但是我當時沒有想到要看這些資料，現在感到有些後悔。當時如果調出日記查閱，對於日記中提到的一些人事，可以詢問先父母，現在則沒有辦法。

　　先父早年從事黨務工作，與狄膺應該有一些見面的場合，但是據先父自述，兩人交往是在 1945 年中國國民黨舉行第六次全國代表大會。當時狄膺是中央黨部副祕書長，先父是黨部專門委員，調派到狄膺的辦公室工作，擔任大會祕書。兩人均喜好詩文，且有共同熟識的友人，來往逐漸密切。先父留存一本大陸時

期的詩稿，其中有多首與狄膺有關的詩作，時間大概在 1945 年左右。此後兩人時有詩作酬和，狄膺有時不欲將父親詩作再錄於日記上，要他直接書寫於日記上，我在日記中見到兩處父親的筆跡。

先父於 1949 年離開北平後，一路輾轉到臺灣，再到香港，爾後接受狄膺建議，至海南島任職，之後再到臺灣。這段經過，《狄膺日記》中記事和先父的回憶大致相同，看到 4 月 4 日記有「下午覆劉象山、陳幹興、孔鑄禹書」，孔鑄禹、陳幹興（本）是先父在海南任職時結識的好友。孔鑄禹伯伯幾乎每年會來臺灣參加十月慶典活動，他的兩個孩子在臺灣接受大學教育，常到家裡，和我們的關係如同家人；陳幹興則是每隔一段時間會和父親通信，我印象最深的是他寄來的一件孫中山手書「燕歌行」影本，父親特地將它裝框掛在牆上。孔、陳兩位應該是狄膺居留廣州期間，往來香港、海南時所結識，他曾經介紹孔鑄禹為海口中央日報黨股代表人，與陳幹興（本）則是時有詩作往來。

狄膺在中國國民黨六全大會後改任中央監察委員會祕書長，行憲後當選第一屆立法委員，這兩個職務使他在 1949 年大多數的時間跟著中央黨部與立法院移動。2 月初，中央黨部與行政院相繼遷廣州辦公，大部分的立法委員也都到了廣州。狄膺於 1 月底從南京到上海，2 月 5 日搭乘海平輪，於 9 日抵達廣州；10 月 12 日，由廣州搭機隨中央黨部及政府遷重慶辦公；11 月 29 日因重慶情勢危急，飛抵成都；12 月 5 日，成都危急，搭機至海口，30 日自海口飛新竹，31 日抵臺北，暫住其姪女原湛與姪女婿施文耀寓所，後得臺灣鐵路管理局（簡稱「鐵路局」）局長莫衡（葵卿）同意，居住在臺北市西寧北路 6 號鐵路招待所相當一段時間。對於這段經歷，他在《不宜悉記不可不記》賬冊中，有

詳細的紀錄。

狄膺來臺初期，需要處理中央監察委員會事務，同時出席立法院相關會議，事務較為繁忙；中國國民黨改造後，中央監察委員會結束，改任紀律委員會副主任委員，除了參加黨內總理紀念週等活動外，主要是出席立法院相關會議。閒暇時間則是探親訪友、定期參加崑曲聚會，以及和友人打麻將。他常在早年曾服務於交通界的錢探斗，以及當時任鐵路局材料處處長王世勛（為俊）兩人的家中打麻將，輸贏都記在《不宜悉記不可不記》賬冊中。

王、錢兩位都是我的長輩，王世勛與日記中所記郁佩芳是夫妻，亦是先母的寄爹、寄媽，我稱他們為外公、外婆；錢探斗是先母乾媽錢馨斯的兄弟，張藕兮是他的妻子，我稱他們為錢公公、錢婆婆。王、錢兩家住的很近，王世勛家在長安東路二段、中山女高對面；錢探斗家在建國北路一段三十三巷；長安東路和建國北路成垂直狀，印象中兩家的房子就是背靠背。王世勛的籍貫是福建林森，但是出生在蘇州，實際上是蘇州人；錢探斗是太倉人，和狄膺是同鄉。在日記中還有一位在王世勛家打牌的友人陳敏，我稱她為陳婆婆，在行政院新聞局工作，和先母的關係很好，隔一段時間會到家裡找先母聊天。在 1954 年 2 月的日記中，有一段記道：「張毓貞、丁淑貞、侯佩尹、顏叔養均來，同張、侯到梅龍鎮吃包子。」當日的賬本上有：「付張毓貞同食點二十元。」張毓貞即是先母，我之前以為先母認識狄膺，是因為先父的關係，但是這個時候先父母還沒有結婚，看到日記這些記事，或許與王、錢兩家有關。

狄膺的交遊廣闊，友人甚多，加上博聞強記，日記中除了每天的活動記事外，還包括許多所聽聞的歷史掌故、人物軼事，如

鈕永建自述參加革命經過、吳鐵城自述訪日與麥克阿瑟談話要
點、張知本談政學會與政學系、周佩箴談浙江革命黨事等等，每
一段都是民國史上重要的資料。張靜江病逝後，狄膺將所聽聞張
氏生平軼事、易簀前情形以及張氏譜系等通通記在日記上，可以
說是張靜江重要傳記資料。對於自己所經歷事，如中國國民黨中
央改造委員會成立後，中央監察委員會辦理結束，他身為祕書長
負責移交，在日記中將移交的過程，特別是款項的交接，記錄得
十分詳細。又如他早年曾響應吳稚暉勤工儉學號召，赴法國留
學，因此尊敬吳稚暉為師，不時前往探望，日記中記錄了吳氏的
晚年身影，其中也包括蔣中正與蔣經國對吳稚暉的照顧。除此之
外，狄膺定期參加徐炎之、張善薌夫妻召集的崑曲聚會，日記中
有不少聚會時的記事，包括參加者以及表演的內容等，可以說是
崑曲在臺灣發展的重要資料。

　　狄膺逝世後，黨史會將他的詩文彙集成《狄君武先生遺稿》，
並將其《不宜悉記不可不記》賬冊中歲首年尾之感懷記事，摘錄
收錄其中，內容亦頗為可觀，且因其始於 1938 年，可以與日記
相互參看，補充其家世及早年記事之不足。整體而言，《狄膺日
記》內容相當豐富，有時會覺得瑣碎，但是仔細閱讀，可以發現
其中有不少值得參考的資料，視之為民國史資料的百寶箱，當亦
不為過。

編輯說明

一、本書收錄狄膺 1952 年之日記，共分上下兩冊，上冊錄該年
　　1 月 1 日至 6 月 30 日止，下冊錄 7 月 1 日至 12 月 31 日止。

二、古字、罕用字、簡字、通同字，在不影響文意下，改以現行
　　字標示。

三、日記中原留空白處，以□表示，難以辨識字體或破損處，
　　以■表示，編註以【】標示。

四、作者於書寫時，人名、地名等時用同音異字、近音字，落筆
　　敘事，更可能有魯魚亥豕之失，為存其真，恕不一一標註、
　　修改。

目錄

下冊

1952 年

1952 年

7 月 1 日　晴

　　晨至立法院領薪水，除借支及助人者外祇有二百二十餘元。參觀張、彭、李書畫展，彭一漁婦圖光線極亮，張書蒼勁，惟漁叔係初學，別人助興者居多。午前至凌家，復至陳嘉猷夫人處，在晏家飯，有大頭菜絲，甚佳。飯後同瞿夫人坐車候孫伯顏太太，至凌家打麻將十六圈，至七時始散。余至倪德明家應程君請，飯有粉皮、羊肉肚子湯、素湯等。八時總章修改會，張道藩語我鄧建侯病卒，遺子女七人。十時返寓，孔達生、劉象生候余歸，在草地休息。

7 月 2 日　晴

　　晨至院中參加鄧君之治喪委員會，段劍岷發言甚多，亦無若何討論，惟愁錢而已。余至世界書局購得綾邊輓聯，為北大同學會寫輓聯云：

同堂端士珍前席；
議院嘉猷失老成。

　　下午二時至大直台灣省青年服務團第七知識青年黨部監交，上官業佑與林副團長白山之交接，余略講國民黨前輩服務之義，聽者一再拍手。去時同胡光炳同坐中型吉卜，見者以為簡樸。四時參加李應生成主典禮，姜伯彰、陳成均在，許靜人為題主官，諸人問禮於余，諸人殆更為茫然。張道藩少時得伊父親之教，今漸忘失，令余更追慕先子。余在凌家小坐之後即至梅龍鎮，坐久

劉象山始來，又久之孔達生來。齊如山及子、媳來同飯，達象鬥啤酒半打，付賬二百五十元。菜無是處，所謂李鳳姐更不美，真約約乎也。開館者不知體雇客心理，廉價以拉住雇客，徒在每桌敲人，此失敗之道。八時往中央黨部出席七全籌備會，十時返，周洪濤云伊於十時三十分亦必歸矣。

7月3日　晴熱

晨為北大同學會撰寫鄧建侯祭文云：

肫肫鄧君，通政明法，奮鬥之始，北京負笈。
壯歲光芒，如劍出匣，南謁總理，陳力革命。
建國豫軍，參謀守正，立法廿載，建制方盛。
如何積勞，堅貞漂泊，舊疾已瘥，新病復作。
驟不及治，幹材中斫。
嗚呼！
思君慕君，今也永違，服務云畢，令名永垂。
祖君一觴，君手其揮。
尚享。

　　建侯名鴻業，山西襄陵人，民九北大政治系畢業，於陳顧遠同班，同為國民黨盡力。南下三人謁總理，即被指定為第一次全國代表，其在建國豫軍係王用賓介紹與樊鍾秀，曾任軍需處長。任立法委員較余略後，改民選時曾依附閻錫山，主張山西整體，為閻打擊，姚大海、苗培成、韓克溫等本黨幹部都不當選，鄧並因之罵張溥泉先生，此舉鄧太利令智昏，持正義者非之。今日苗、韓均在，姚大海未至，而閻錫山亦不來親祭。晴皋則因三十

年朋友，數次流淚，並云五四當年之十人團，今惟伊一人而已。十時半余至中央參加中改會，總裁主席，總裁謂七次全國大會雖已允中央委員列席，但於責職有虧，負國最甚者最好不來，來則應以法律制裁之，諸君有相熟者可以私函通知之。余所認為最豈有此理者，上海辦新聞報者不但畏首畏尾，並且財產淪陷無一語報告，次為辦申報者，今日見余，明日悄然赴國外，不知是何居心。

> 余默察前一人為程滄波，後一人為潘公展，公展之膽小，急於赴美似為婦累也。【狄膺自述】

又謂此次中央委員在國外者回國列席皆不給川資，其人出國有費，回國乃無費耶。次谷正綱報告四 H 運動在台灣之推行、三七五利益之保證、租佃委員會之改進以新畢業學生參加、小地主收地希望多給現錢、自耕田願保留者聽。次通過派王季徵為駐巴拿馬公使。余語周宏濤總裁所提之中央委員可問問有無別人，谷鳳翔則為最好開整肅會以認定之。十二時半散會，余要求袁企止留飯，羅家倫亦來，企止供酒以高腳淺口盃，云是猶太盃，菜有海燕、苦瓜鹹菜湯。二時返寓略睡，四時再至中央黨部參加人事審核會議，通過胡希汾為祕書，林克中為總幹事。繼胡而為財政委員會總幹事者，其人升甲級規定為曾任乙等職最高級，而其人尚差薪四十元。余主自內補上者可以差些，以免大家希望升遷於前一人將升時加薪以待，谷鳳翔非之。余又於決定受訓名單時，提出受訓人某依本職，助理幹事則不可，如以兼職為某會祕書則可，謂破中央黨部同志不問地位之素風，眾人無以難也。自有訓練，青年資淺者不及老猾猻悉往，又分何人可何人不可，訓練場即勢利場。余於散會時語書琴以王節如所見，只知訓練重要、不恤妻死之功名利祿中人，崔書為研究部主任，亦無機會說

此也。散會，又到雷寶華家飯，飲自造洋酒一盃，李嘯風在時呼之即來，今則無從再覓之。朋友間往來，至老年頻數無礙，余宜注意及之。回寓，於流汗中訂日記冊，勉強訂成。復入兄弟理髮店理髮，天氣極熱，不能寫字，乃睡。

7月4日　晴

　　晨起整理行裝，候至九時許，陸京士、孫方（字惠椽）、沈元明坐車來候。余等過台北橋、新莊、龜山而至桃園縣，沿途公路平滑，行道樹尤加里排列整齊，遠山近山景色時有變易，甚為可愛。自桃園轉上大溪之路，大溪鎮為乾隆初謝秀川開闢，光緒十二年劉銘傳據此以為治蕃中心，在眾山中似處井底，近處有山兩行，高低相似若城牆然。自外入者車自山牆下，至於大科崁溪上（大科崁溪為□□□之上游），架溪一橋頗長。橋前先檢查身分證，過橋入市，市建在斷崖岩上高枕嶺端，市街之端先為公園，公園臨溪上碧流一道靠公園岸。余等至沈元明宿處，為自由中國勞工同盟以五千元準備之兩門面三進之房，房屋高大，未經修理多漏，兩處榻榻米皆壞，有一間原裝修佳者為遷出之人拆除淨盡，余等在此室之後洗面略坐。余出門轉左復右，轉入大溪初級中學，校長傅緯武前為林主席之侍從書記官，余入參訪，傅方整理畢業學生名單，明日行畢業禮，不能陪余往角板山。余持侍衛長介紹函，同傅君至警察分局謁蔣分局長治平，四十許少年，謂自充委員長衛隊即稔余。分局之後為武德堂，今為衛隊聯部，堂後為總統大溪行館，乃割公園之一部最勝處以充之者。管理員聶文導余入，遇汪守芝，又在籬笆外見許竹修，總統手令及史料整理處遇圓面許卓然及菩薩沈琢初，琢初項間有外症，卓然背誦余輓李嘯風聯，謂貼切真摯，伊並抄示熟人。嘯風與伊家有舊。

中山堂之後則為總統行館，一排房為會客辦公，一排房為臥室，器具甚新，而屋面露處省政府久不來修，雨時需搬動家具。出，同諸人圍坐廊下，余乃如家人自外歸者，諸人送余門外。門外有紅洋房，原為傅緯武之校長住宅，改為蔣經國住宅，經國不來，今則編輯人員居之。蔣治平送余至沈元明寓，並為陸、孫兩君辦理入山手續。治平別去，余等在沈家飯，元明時時供人黑松汽水，令人肚漲。其妻江氏，蘇州人，耳微聾，治菜數碟留飯，云有三子一女在。飯前傅緯武導余公園，俯瞰溪間，竹筏浮水，衝白沫急灘過余等所立巖樹之下。傅君之校與神社鄰近，云將就社壇建特種課堂兩間。余等走自校前，見國民學校之教師住宅破敗不堪，修理不易，曩時有歲修經費，今殆無之。飯後蔣治平所派之警官黃坡、李景熹到沈寓，同坐車至分所前，李取鹽具，車發洞口，將到達時見一湖蓄水池，頗為廣大靜雅。既抵洞口，休於一雜貨兼飲料店，過者每人一碗粉屑加鑿冰上澆糖水售半元，余等喝清水而甘之。過洞坐台車，近日刈禾，推車者少。店中之小女圓面燙髮，口紅矮腿，亦御一車過洞。台車用一塊方形豎約一公尺、橫約八十公分之木板，下面裝四個直徑約三十公分之鐵輪，板面四角鑿四孔插木棍，鐵輪前有橫木可殺車。秦孝儀謂過此須著雨衣受滴水者，滴水以出洞時為甚，洞中烏黑，兩頭望一圓光，約十分鐘始盡。過洞上坡（台車道共長二十二公里），御者謂須裝扮，裝扮既出，則僅於肢膀套四節布套，時時以右袖抹汗。上坡御者爬行如獸，平則推行，過橋則走橋心狹板。下坡則放鬆殺車棍，御者跳上台車，且以手推前面之棍，方其自推而跳，跳乃一腳懸空，狀如五鬼。店家女調皮會說，力大身靈，乃鬼中之俊者。

余等兩人合一台車，車有御者二，共三女一男，實際還以男

子為得力。約二十分鐘而至八結，在派駐所飲水，遇溫縣郭希孟。再上約一時則為水流東，又休於派駐所，並往參觀農林公司之大溪茶廠，晤廠長李詩豪、副廠長胡本經。舊時日本人在角板山有茶場，戰後廢機器移往今之八結小學，後復移此，係紅茶製廠。樓上陳茶架有鐵絲床、布床兩種，架子滿樓，今全部空關。樓下有製紅茶機十部，今紅茶外銷看呆，乃加綠茶製機藉以度日，還虞不給，所製亦粗茶，送茶葉公司精製。參觀出，過澤仁鄉市街，過橋乃為山地界，有望亭，李景熹先為登記。過此上山行一里許，方望見角板山，實可云為角坂廣臺，東負插天山，南望鳥嘴山，西有大霸尖山，四山開讓處，臨空一平坡，周圍約一方□，遠望若臺然。自望見處至角板山，繞山而升尚需半小時，台車軌皆經溪板軌道，經管委員會新修者。六時到達，先過一檢查站，再入鎮上，入一警察分局晤哈爾濱白□□。未幾，行邸管理員陳永周（前杭州澄園管理）來迎（□□侍衛長劉牧羣介紹函），李景熹住警所，余等入行邸，前無大門，僅有兩崗，崗頭以石砌作三角形，頗不美觀。入甬道，四圍嘉木甚大，總統與夫人新對植各一株已發叢枝。正中木屋一所為前秩父宮行宮，余等自偏門入，內為日本式房二弄，有自來水、抽水馬桶，供紅茶、自製冰塊。余等出尋國民學校校長葉玉象，方開小組會。校舍係總統捐資建者，背鎮一山曰詩朗，校門對之，背校一山曰枕頭山，峰巒相接，雲氣遮罨。余等走操場，場廣可容直升飛機之升降，兒童方擲球走浪木。自場側下，遇二牛走塘堤，塘水靜潔，景色無窮，惜日暮，乃歸行館飯。飯煮得軟硬調勻，京士頻頻贊美，余因之多食半碗飯，菜係本地下女煮者，為江浙味。飯後在宮內浴，浴後乘涼，候月上始睡。余頻起望月色，半夜後蓋厚被得熟睡，氣候與台北懸殊，不可與昨夜較。本日陰曆為閏五月

十三日。

7 月 5 日　晴，自洞口至大溪雨

　　晨六時起，李景熹來候，謂已得鄉導前警員吳君，可游烏來。

　　自行邸左後走坡道下，即見行邸內可聞之激流浩浩聲。下至一山徑，徑直下有弔橋，余等以為上橋矣，導者自徑左再下坡，泥道間有石塊，殊不易下。走盡則為一溪灣，余等坐休，再下則望一平疇稻壩，始左轉沿山坡行。臨路過一人家，見二牛極光潔，京士稱美。路上小學生遇余等皆鞠躬為禮，女學生則叉手再鞠躬。遇一女人負孩，後隨一紅衣女抱黑貓，彼等乃自兩山間之索橋過對山者，余等望見，羨其立橋上望四山，俯橋下以為仙眷也。余等再進，見一蘆花雞羽中翅徑黑色極深，配合至美，京士思捉之歸。再過則路側一農家方搖風櫃揚稻，全體動員。再過則為密竹園，斜坡密植可數百層，如上層有竹林，余等乃穿林道，京士謂如伊家後河頭穿張家園也。如上為樹園，則如人家花園，但樹木決無如是自然。再進則余等亦得過索橋，似不及紅衣女郎所過之橋長而位置佳，余等樂其震盪，攀鐵絲而前，下為斷石激流，亦足快意，橋刻「霞雲橋」三字及昭和某年字樣，聞霞雲為本處部落名。過橋，略上坡走山隙，深灣數處，埡口二、三處，乃見路上正建一竹亭，可望見烏來之派駐所，聞將稱為便民亭，曷不曰勞止、曰小休而作是稱耶。自此過一深灣，乃至溪內派駐所，所門之內為場，場上有台灣大學研究人種學師生，正邀集高山族男女量頭骨、身長、臂長，印掌紋、指紋。山地同胞自遠近各番社而來，婦人老人有以青條文面者，余問為何族，則答曰泰雅族，其中分支甚多，再可區分，正擬命名。派駐所長李吉雄亦高山族，祇說日本話與土話，其女名英華，燙髮，體單薄，貌娟

秀，自云新竹初中卒業，因身弱不克升學。余等至，引入靠坡一亭，亭內竹凳二列，坐凳下望，烏來分兩節，一節自瀑門下，第二節外肥內瘦，肥處濃度幾如京劇花臉之白滿，瀑聲震撼，氣象萬千。余等在亭外洗臉，亭內喝茶，茶味苦濃，換開水始適。李吉雄在其宅款余等新米稀飯，有青葱炒蛋及拌茄子，極新鮮。英華頻頻勸加餐，跪榻榻米添粥，諸客皆云別有風趣。飯畢，吉雄、英華引亭下，下坡觀大石，云是總統來觀瀑三次常往游者。自泥坡層下，每層以竹棍當泥，掠竹棍之樹椿多發芽長枝，坡盡則沿山下瀑池，所謂大石在上池，一整塊立池中，若自他處移來者，但非人力之可及。余濯足大石下，石上濃苔滑及足底，同行者戒余勿往中心水石衝激處。自此望下池，瀑水沈碧，云深可滅頂，吉雄以樹枝自上池衝下池，下池衝出瀑門，又以石擲向下池邊際，頗為有味。余等以為時不早，乃回派駐所，遠望山上番社數處，高山族所居多為斜坡，不如角板臺遠甚。十一時辭謝回，余等許贈吳英華藥及食物。歸途日將正照，向東之坡滿是陽光，余以手巾浸泉石中，盥面蓋頭以取涼爽。沿山歷灣已覺累人，以走上二泥路坡為最難，京士云如路再長些便吃不消。回行館，酬吳嚮導，留李景熹共飯。陳永周勸余多留數日，余等參觀行館一周，余留書謝總統，有賴鈞座領導抗日得復此島，又賴鈞座擋住大敵得作此游，希望鈞座一旦臨此，屏除萬幾之慮，安心頤養等語。出，辭白君，白君云吳英華原已訂婚，不滿意乃入新竹小學讀書，而被一本省人為教員者姦宿而見棄，高山族戀愛自由貞操封建，現鬱鬱在家，余頗憐之。余等再辭葉校長，葉與教導主任屈維伸同送，屈亦求如葉玉象之得在陽明山受訓，余允為轉陳。出，至檢查站，換得較佳之台車，陸、孫在前，狄、李在後，輕車下坡，有如雷兔。過一農家，昨上坡辛苦，余等散起士林麵包

與御者之處，昨日吃到麵包之婦孺目余等而笑，余等不及作寒暄矣。過水流東茶，過八結而飲水，將近洞口而雨點始下，洞中在出洞處水點大淋，入小店不見昨日御車之女。傅緯武所遣之吉卜車候已久，登車而大雨，賴有此車，不至狼狽。自洞口至大溪亦有台車軌道，雖得台車，亦必淋雨。至大溪口，沈元明來迎至車站，傅緯武購票相候，在冷飲店進西瓜之後，即上赴桃園之公共汽車，歷四十分鐘至桃園，坐三輪車至廟側等候赴台北之汽車。逾點不至，既至，車在路上走火，下車休於一理髮鋪中，復易車而歸，在延平北路下車，乃返寓。至中華書局飯，飯後西瓜，又納涼移時，乃歸臥。

7月6日　晴　星期

余游溪內、觀瀑、上下山皆無礙，返角板山行館時，置眼鏡於衣袋中入客室，誤以有窗擋處為門，左足肢撞傷破皮，今日微有膿點，經於秦啟文處覓紅藥水，塗之得愈。十一時至凌家，晤凌、孫、陳三太，食蝦仁餛飩，心淡不鮮。十二時龍門同學會，在中山北路二段一巷 141 號之八五號肥料公司之宿舍，實際當云殯儀館後或新生北路下，時在正午，諸人在烈日中尋一巷不易得，至苦。主人王祖庚、周斐成、洪亦淵、陳佐人，松鶴樓二桌，移床設座極費事。天熱，館菜難以放心上桌，老人居多，菜餘大半，叫一桌兩分已觳應付。夏日不宜聚餐，聚餐不宜多菜，證諸今日益信。祖庚妻今日頗辛苦，余甚稱之，祖庚之鄰居陳武鳴於余進弄時招余入，出洛陽周柏年、葉楚傖、汪精衛、褚民誼、高一涵所題字冊，余在最後一頁題曰：

一卷曾親記洛陽，廿年劇變事可傷，
多君藏得薰蕕器，惟我還能注幾行。

二時半至浦薛鳳寓，南京路擴廣翻修，寓前花園縮進幾半，
所造小房二處，本云一處可容施文耀者，今招待□□□夫婦，其
人在廣州伍伯良家稔余，問余知伯良慘被生劊否？今日崑曲同期
在兩客室之過道中，唱勸農、驚變等，窗戶洞開，四合廊亦坐多
人。過道向外有一進門免雨方棚，兩角有兩個高山族石膏像，趙
友琴、華繹之坐於是，兩人年屬最高。五時食菉豆湯、湯餃後，
余歸攜白蘭地，俞良濟、汪經昌候於狀元樓，三人在矮樓靠窗飲
酒。晤老闆李聚福，其人其酒樓去年因參加某冰店虧本被封拘。
余望徐張善薌不至，命人購臭豆腐干不得，雖有加香肉、紅燒甲
魚及冷拌海燕豆腐皮佐酒，余忽忽不樂。七時同俞君攜酒瓶送徐
家，坐於前庭樹下，明月在樹頭濃葉間，樹根處有泥潭。胡惠淵
云是徐家池，即是炎之跪處，炎之云朱家亦有此池，互為嘲笑。
知良濟夫人與胡今日曾唱梳妝，未曾跪池，食冰西果後余歸寓。

7月7日　晴

聯合紀念周，余以八時到中山堂晤鈕鐵僧先生，今日任主席
報告者為黃季陸，惜中央要員到者不多。余回黨部，同郭澄、谷
鳳翔同車至陽明山，夏令營學生今晨參加紀念周。總裁說仁愛之
理，謂可答覆或問大陸何以失敗及本黨根本態度與共產黨不同之
處。總裁云錯誤應該改正，然打倒軍閥、打倒帝國主義則確實做
到。十一時半散會，歸寓路上晴嵐煙樹，風景甚美。飯後，三時
中改常會。六時余至鄭家飯，天雨，欲雇車回而馬路已乾，乃至
錢家同陳敏、錢、王打牌。打到二時罷，不便行走，石巖丈與惕

先同起，陪余閒談等天亮。石丈舉俞曲園輓陸星農聯，以「訪我樓頭」對「附君榜尾」，又有人輓八月十七日死者，下聯用「錢唐八月，人去潮來」，最佳者以總務司長自作「總而言之，務其大者」。石巖丈春柳詩共作十首，有工緻句。

7月8日　晴

五時自第二女中、建國、北京、南京路、長安西路走回，過吳成衣家而天大亮。周慧娟所贈皮底鞋京士借穿到烏來，昨下午嫌其大寬，請鄭味經嫂縫跟，又苦大緊，自錢宅回寓行走殊苦。回寓略睡，下午工作會議。余議至四時，乃至中央日報同馬星野、張星舫參觀辛廠，全部修理一新，入廠之路與市政府合修，門內添鋁房五間，為編輯採訪處，排字房擴大，又購地一百餘坪，再可建築編輯樓等。五時回本社開會，沈階升無適當位可調，眾議暫仍其舊，余又主在士林造一招待所。諸人云所修辛廠照余所提，今日蚊子已少些，甚可感。七時陳天鷗到，同飲高粱酒及狀元樓菜，雞火湯尚佳。食畢同天鷗至中央黨部參加七全籌備會，天鷗戲云今日伊之職務乃如三等艙之茶房，方向、風浪、上層情形皆所不曉。

7月9日　晴

晨至立法院作召開臨時會之報到，至立法委員黨部請在黨證上蓋印。事畢即至侯佩尹寓乘涼，食麥糊及伊搬來之飯。至二時半始歸中改常會，討論脫離組織處分案，同意紀律委員會從寬之意見，芮進所商表及其立場，余悉為報告，未蒙採取。五時歸，候莫局長與秦主任祕書對弈，久之乃飯，飯後至中央黨部，知本晚乃無會。同楊佛士、夏敷章在露天乘涼，余云沈琢初患外症，

佛士曰菩薩之名由外症而起，湖州人言病者為菩薩，琢初患病，楊子鏡、吳觀海乃稱之如此。歸寓，閱曝書亭集及王季烈螾廬曲談至深夜。

7月10日　晴，下午雨

十時中改會通過胡健中所寫召集七全會及宣布議題通告，羅志希主白話，總裁亦主白話，結果改得淺近些，仍為文言。程天放列席，請示教會擬在台灣辦大學，如何應付，結果宜表示歡迎，但宜遵守吾之條件，例如：（一）經費設備之完善；（二）醫、農、工、自然科學、漁撈科之設置；（三）不可如大陸之放任共產黨。總裁曾謂美以美會之監督，云在大陸上最助共產黨者乃美以美會。一時散，歸猶得飯，飯後臥一小時。二時一刻起，在凌家同凌、孫、陳三夫人搓麻將，將飯陣雨，電雷交作，殊足驚人。十時歸，浴後閱法文公主陶醉錄。萬君默來訪。

7月11日　晴雨相間

晨文耀語我明孫斷奶後極會吵，令伊心神不寧。李翊民得孫鐵人書，謂黨史料下鄉，居先生之稿件不易尋覓。余約翊民同往台中，翊民今日來晤，余問淡水有房能任文耀靜養否，文耀云伊須照顧家庭，亦須家庭照顧，似不能赴淡水也。十時俞良濟來譚，留美金十元，囑奉鄧鴻業家屬。良濟宜興和橋人，其叔有榨豆油廠，年年經手人云折閱而其家益饒，二十五年良濟經理油廠半年即獲贏餘銀元四萬。次遷常州經營大綸及大成紗廠，勝利後在上海辦豆油廠，專銷台灣。飯後余至佩尹處休息。五時始自新砌之洋灰路出，劉大悲入城，未晤。歸至秀武家飯，飯後經中華書局乃歸。昨萬君默來，託致書周賢頌注意其女嘉申考中信局打

字，余得賢頌書，因成績稍差落選，但機會甚多，勸加油。姚志崇明日將見王雪艇，余附去一書，說明中華書局登記原委，陳霆銳喧詞濫控。夜睡至酣。

7月12日　晴，間有陣雨

　　晨九時攜中監會工作報告表入中央黨部交祝毓，並為改播遷記事及置產經過。入立法院參加談話會，黃佩蘭云十五日為始，廿七終了，其實無須商議。余歸，丁溶清來央余作書致其經濟部次長張靜愚，求調伊往附屬生產機構，若漁管處、石油公司或電力公司，云所入比部中加倍，又人事欺凌得免。十一時半毛同文來，攜威士忌酒入三六九包餃麵飲，包子外無出色當行之菜。飯後入四姊妹飲咖啡，索冷開水不得，是店亦將改組。歸寓，與駱家珠、包鴻德、鴻瑛姊妹笑譚，昨李家瓊來夜談，前日黃曰昉來午談，女孩兒講話情致較多。五時方仲豪來，其婦未至，既而李向采來、方肇岳來。今晚彭廚為余治菜一桌，人數太少，適張默君先生來訪，留坐首席。王培禮同孫秀武、方福生後至，因肇衡陰道外症開刀抽膿得輕減，醫院為診情有足資研究處，特許留院。席上培禮去而復來，仲豪因開小組會未終席而去，余姪女錦帆需照料文耀與明孫，未坐席陪客。方進西瓜，諸人匆匆散，但彭廚治菜至精，諸人又包回一些，餘菜給仲豪夫人與肇衡，亦可謂盡興，但一席之間變化甚多，足徵人事無常也。客既散，余至凌家叩門，知無人在家。歸寓天仍悶熱，雨意未解，閒時閱曝書亭集，文詩詞曲各自專門無攙雜處，真大才也。晨覆錢山書，伊來時將送回余寄存聖士提反書院之著作箱，余表示贊成。又云如行李過重則不必帶來，沉沒付諸天命而已。

7月13日　晴　星期

　　晨車來，往尋鄭明。路遇黃曰昉，邀伊同往，曰昉已得可為新房之宿舍，瑣瑣問明照相、音樂、禮服價錢，明黃面饞食，正為妊婦狀。出，至俞俊民寓，女傭已走，夫婦子居。入陸海空君總醫院，得見方肇衡於六樓產科病床，容色已正。出，至鈕長耀家，長耀為痔科專門醫院所誤，脫肛半月，見已縮入，仍臥床未起。余留飯，成椿較肥，其使女甚健。一時半至王洸家，同其夫人俊如及羅剛妹適姓王名警華及陸奉塵打麻將，日間風涼，晚飯後較熱。飯菜以紅燒肝腸及雞湯為佳。十時罷，車送羅、陸回寓。晨間狄擎華偕兆麟、憲英來覓余，差一分鐘未得晤。鄭克宣引監察委員李培炎（字西平）來，亦未晤。袁永錫留片，謂其夫人已假出院，未晤。朱彬史來函，叔言已遷回永康街，朱人德在台大醫院，史已一人拖二病人，真有上天無路入地無門之苦，約十六日下午三、四時許來譚。

　　鈕長耀素不喜為中西醫登報介紹痔科專門醫院，某求其簽名，長耀於某宴席央時下名人簽名。醫師感激，願為長耀診治，入其醫室，白帽看護甚有派頭，也不便問其所施為中藥仰為西藥，實則所施為爛痔之藥，肛脫而劇痛，其人且謂是應有之痛。後數日夜不成寐，乃請中心診所打盤尼西林諸針，痔乃退腫收縮。以長耀精靈，乃求醫不辨中西，真是可笑，但為醫生作介紹宜慎重出之。

　　施振華自大陳島來書，云六月二十晚坐船北行，同船多嘔吐，姪欣賞海景，到大陳一周，民情困苦，物資缺乏，生活程度比台北高一倍，買賣通用台幣而以銀元為主，目前生意人為應進貨需要廣收台幣，因之台幣奇缺。大陳街道均係山坡，市容還不如璜涇。姪住山頂民房，北臨大海，對之無限感慨，每憶大人，

迎風灑淚。聽說不久就離開，姪當一往直前，但願勝利之日國家有新氣象，中層幹部能知自愛，姪即便犧牲亦會笑九原也。七月一日。金生麗尚未晤見。

立法委員江西姜伯彰示我壬辰端午詩人節即事，用兮字為句，首句為「流光如駛兮又到端陽」，中述美國不助我以致大陸淪喪各情，頗多感慨。姜年六十八，自號芝陽老人，住新北投香丘莊三號。

劉卓吾同學之子孟衢現在中信局任事，醉心赴美，得在美段永蘭之助，獲得印第安那大學研究院入學許可證，許可證註明須備美金，一千五百元一年已足，美使館非二千四百元之提供證明不可，劉自籌不足千元，託余謀國外友人存款戶內出一證明，謂抵美之後即可註銷，伊內兄赴美留學之外匯存款均已次第託杭立武及湯惠蓀原物璧還。余無外匯存款，且知美國近亦須驗資，而由允借人具給保留，無法允其請求。

余與連震東商台灣可游處，伊開列：

（一）由基隆繞富貴角回淡水、金山；

（二）八仙山；

（三）太平山；

（四）知本溫泉；

（五）秀巒山；

（六）霧社；

（七）烏樹林（陸京士謂魚塘可觀）；

（八）嘉南大圳、烏山頭。

閱改造委員會 360 次至 363 次紀錄，其中本黨現階段工商政策大綱，分工業、金融、貿易三政策大綱，本門基本政策之外反攻基地應如何，光復大陸初期應如何，均陳要點。其結論則謂中

國工商業能在自由環境之下作有計畫之發展，政府更以合理的經濟政策使人民生活普遍獲得提高，進而家給人足，民樂其生，即為社會主義之實現。舊型之資本主義專顧個人利益，果宜在法律及稅制方面予以限制，而絕對主張經濟統制者亦足以低落人民投資創業之情緒，使中國經濟永無起色。

7月14日　晴，颱風不雨

晨入中央黨部參加紀念周，有林衡道君報告土耳其情形，謂割禮今改遲至十歲左右，京城博物館甚多，有兵八十萬，動員時為二百萬，可抵當俄寇，歐洲除西班牙外無此武力。出，赴立法院黨員大會，十時開成，為對日和約宜通過，袁企止來作報告，余晤杜毅伯、鄧翔宇乃歸。自余起床，有呼狄家伯伯而叩門者，為凌銘自日本歸，在船上實習，仍未得公費，贈余小倭刀及蘋果、枇杷，枇杷以雙鳳為商標而印一庵字，稱合組同協業農村原庵枇杷，四核而大，余攜贈陸望之，望之以之供佛。余又贈陳桂清各二，鄭明蘋果一，同住人枇杷各一，蘋果色澤不如美國。某軍人曰張世希之走私被沒收者為第四次，其以前三次皆平安得利，走私本錢第八合作社所集，沒收者約六十萬，罰及行運約四十萬，約為百萬。南海打撈公司侵入菲律濱領域被捕，約失二十至三十萬。又有顧希平夫人孫慧華為董事長之金華公司，亦損失四十萬，第八合作社所虧為四百三十萬，可算得出者僅此。

率運貨車往基隆海關索貨者戰略委員會祕書程大千，坐索保出張世希者某鉅公，或傳是何應欽，軍法局長為包啟黃，設計爨演五花洞者其精怪名顧肖公，為某法官，現被繫者為希平前妻所生之子，前妻自新竹來，至徐銓家將與希平并命，希平避不見。此事實為數案，一時俱發，主要在走私失敗，不失敗尚有遮掩餘

地，將來更將無法無天。如此案政府嚴辦，在江蘇之氣焰「順我者生、逆我者死」或能稍息歟。下午風大天熱，余閱公事。夜飯在鄭家，遇葉端若，與談在台北作謀生之計，無一可者，鄭嫂思包學生便當，謂每便當得一角，余謂亦不易為。夜飯後走歸，奚志全偕可能為未婚夫之俞士英來，志全生宜興港口，其鎮為周鐵橋，蘇、浙、皖交界處，在雪堰橋之南。志全幼時上大沽船有樓者玩，有八、九道風帆。本日法國國慶，奚居利在台北賓館雞尾酒會，余未得柬邀，不往。

7月15日　晴

晨狄擎華來，譚溧陽本家庭俊（憲英叔）被殺，胥泊詠誼號榮承被殺，蔚元在太湖游擊被捕捉回溧陽，與在押之胞弟貞元同時被殺。又以溧陽為中心之鎮廣路已通公路，自金壇來達於廣德，係徵工築路，貧農給口糧，富農則否，富農多倒於地者。十時至中央黨部，沈昌煥召集第三組、紀律會、財委會、祕書處四單位檢討一至六月半年工作，今晨先研究祕書處者。余批評中改開會太多，每會報告案、討論案亦嫌太多，有本單位可決定而提出者，有因一從政黨員問題而開會十餘次者（如劉健羣），流風所及，開會為業。次討論工作人員額外者九十餘人，超過名額亦三十餘人，如何減少頗成問題。次討論經費本年度支出將為二千五百萬元，明年度難以安排。十二時散會，余餓極，返寓先吃飯半碗，再同人合桌，近日八仙桌坐滿。飯後臥。三時工作會議，議畢余訪洪叔言夫婦，叔言情形尚好，朱人德去脊骨兩節石膏，床須臥半年，醫費、住宿、膳食均免，藥每日須十二元，添菜以資營養，亦無人力、財力，正為難之極。出，為索癬藥水往慶和堂于立忠處，未晤。乃至陳炳源家與擎華、憲英譚笑，留飯

乃歸。歸過川湍橋，岸邊茶座尚為空椅，陳惠夫、田崑山正下坡，向余招手。過橋塊，望對岸諸山，青淡可分八、九層，河中沙磧如加平治亦可設茶座，似比未及橋之處為佳。八時總章小組，張道藩述第三次全國代表大會為當選，須經過半數選舉請求覆議，遭胡展堂先生呵責事，主將總理一章列於前文，余與谷正綱、谷鳳翔持不可。十時食西瓜乃散，回寓余頗倦，枕上閱曝書亭集，多為明初人立傳，驚震余心最甚者為「王偁傳」王偁瘐死前自述諜，為陸寅所作尋父「零丁」、「高啟傳」三夢、「唐肅傳」之徵召誤受械繫過姑門、「布衣周君墓表」、李彥貞塔銘，皆情致生動，覆卷而事宛在。彝尊自謂歲乙酉嘉興城破，予年十七，年二十即以詩古文詞見知於江左之耆儒遺老。康熙庚戌重九跋李龍眠九歌圖卷，則偕崑山顧炎武寧人。康熙十七年以布衣除檢討，則同吳江潘耒，逾年即掛名學士牛鈕彈事（楊佛士云坐攜非在職人員入史館）罷官，潘耒旋作浮躁降調。而查嗣庭、嗣瑮則為其表弟，疑彝尊亦遺民，被迫出仕，故其詞激氣遒，不與經生等也。

「書櫝銘序」云予入史館，以楷書手王綸自隨，錄四方經進書。牛鈕形之白簡，余遂罷官。綸善小詞，陳其年見而擊節，尋供事翰苑。

李彥貞著書□□□□□，又貞毅先生墓表，至歸安遇好友二人，一自慈谿遷於歸安者也。壬寅六月朔，二人坐慘法死，梅市祈班孫志戍極邊，此外為長洲陳三島、山陰朱士稚、秀水朱彝尊。

7月16日　晴風

晨丁溶青來，謂張靜愚示以調派所屬機關服務頗有困難，張另有函覆，余謂俟有相當機會報命。丁去後李徵慶來，譚溧水人

以染坊、藥店、熟水、打鐵四者在各埠執業，漢口葉開泰，葉名琛由是出，藥材商也。徵慶過滬，熟水商慕義，分別延至其家款待。近時文人有董善舟（字一狐）、王璞能繪圖章。名勝有天生橋，為自束壩通秦淮，應鑿之山在明初未鑿通者。上下午無會，五時至凌家約星期日晨往陳嘉猷家，六時在鄭家飯，鄭怡購肥肉款余，有酸湯甚美。夜八時籌備七全大會選舉注意事項於不正當之辦法外，眾主再加酒食徵逐，余主不必，卒加入，定下星期一鑒別中央委員，十時散會得歸。

7月17日　雨陰，風悶氣

晨雨，窗閣竹垞文。九時至中山堂觀陳定山畫展及當代書展，遇華繹之、游彌堅，字佳者約十人，余無出品。入立法院議場，程序委員會問質訊何時可畢，經眾發表意見，又白費三十分鐘，既而李文齋問琉球何以不索回，外交部長葉公超謂祕密答覆。余自博愛路回，購溫州人所煮燒餅甜鹹各一，回寓分半與耀甥吃。飯後暢臥。三時在第一組對面會議室，出席徐晴嵐召集之自清會議，云在表收齊再開會。四時半年檢討，沈昌煥以疾未至，谷鳳翔主席。紀律委員會無甚成績，郭澄說辦理得快，鳳翔說凡所決定無大不當，致起爭執者則不虞之譽，聊勝於無而已。會散，谷鳳翔請余注意林潤澤曾介紹修車廠開單，又管理車輛者請停周亞陶職務兩事，余亦告伊張知本車求售事。出，余至雷孝實家飲李子酒、食飯，飯後過中華書局，至陳嘉猷夫人寓閒譚。至王世勛家觀賭，錢家與探斗、逖先譚天，聞孝若云今夜有颱風，乃回。得總統府明日十時在府召見通知，及顧福田自香港七月十四信，云晴初日前再度至港，府上情形大嫂現仍住南京，二哥仍賦閒在鄉，三哥在上海業務尚可維持，四哥仍在中紡，令奐

在路局亦好，三哥曾囑勿逕去信，錢亦不可直接匯去。再三哥云吾兄和陸君撥款事，盼交陸君不超過 200 萬元之數，勿予多交。昂人丈及二、三姐在長沙，平初及姊夫在南京教書。

7月18日　雨

　　連日颱風雨，颱風云在溫州登陸，鐵路局夜車停於番子營不能到高雄，好幾處一望皆水。前年晤余台南，今在裕中輪船電台來台應考試之狄順康來尋余，贈余煙、酒、茶。其姊夫夏禹效（字貫一）遼陽人，今為憲兵第四團副團長，前次未晤者，亦來訪余，團部在台中八德街，其妻及五孩將遷台中。二人既去，余到立法院，候至十時差十分尚未開議。余至總統府，休於胡立吳辦公室，立吳聞余上月至今出游七處，云真會尋開心。又聞余以錢助人且藏有美酒，立吳曰盍以酒助我。雅哉立吳，余勉允之。余於一月廿六日陰曆元旦答人賀年柬，云在寧園小樓略備酒盃茗碗，以待佳賓。余藏有洋酒數瓶，願得有沾唇之樂，不願一飲而盡，整瓶頃刻失之，余意尚吝。立吳云高粱酒尚可吃得。昨晨葉公超在立法院語我云君當念洋酒，余曰誠然，葉有贈酒之意，顧余殊不肯贈人，吝哉。坐未久許靜芝來，伊夫人在第八合作社失存款二萬。又未幾侍從官來蕭余入客室，改造前余遇胡健中於此，今日則遇沈祖懋、洪蘭友，祖懋云維百夫婦有換糖者二人贈米得活，每日一飯或一粥熱吃，餘頓為泡飯，所以如此為無柴燒。余語沈、洪曰三枚副官，蘭友曰君為知其事者，余於黨史會事一概不知。余曰聊備一官，總裁蓋需要君，顧無適當可安置乃隨意命職耳。時客室中桌有青年空軍三十人待見，對角復有三人，余等皆不之識。曩時國民政府見主席者余等殆無不識，足見時代推移，余在前浪中不為偶浮之汩沒，則為無蹤之悠逝而已。

客室中懸黃君璧山水畫，郎靜山攝影大小凌亂，不起美感。余以第一人召入謁見，總裁問余紀律委員會事，初云監察既而則云紀律，兩眼御黑鏡，殆患目疾。余觀其發問殊苦，余曰君佩先生係夏日胃病，入秋當愈，會中事勉為應付。李宗仁開除黨籍案既通過，而蕭自誠發表譚話云以未報到而除名。雷震自由中國之登載，陳誠既以覆胡適之則不為罪，其餘云涉及走私等事，各有關機關未提，故亦未論。總裁云此事應論，且純以黨紀。次余承家姊受清算後氣憤致卒。總裁汝二子如何。余曰皆為賊誘往工作。問作何事。曰長辦畫報，次似辦工人教育。問幾歲。余答長廿七、仲廿五。問在何校畢業，學何科。答長在北大習歷史，次在清華習生物，皆三年級，共黨不叫他們畢業，謂要畢業是封建思想。余曰膺乃為此二子如此，心中甚為難過。總裁曰不要緊，將來會回來。余送角板葉校長所寫為教務主任請求受訓名片，乃辭出。總裁問其人哪裡人。余答東北人。出府後，余至孫伯顏夫人處，語伊陳炳源所說之房屋。余至俞良濟家，聽其夫人程競英乾唱梳妝、跪池主調各一段。時窗外大雨，良濟出強海，余飲少些，伊等將往中和鄉競英小學同學家飯，邀余同往，云可晤賈果伯，余未往。余歸，臥床流淚，余今以姊喪聞於總統，而姊卒於何日余仍不之知，悲哉。飯後為彭長貴書瀟湘餐廳市招，又書喜聯「禽魚學翔泳，草木增芳馨」賀朱育參、劉祖偵婚。出，至錢家，同錢、王、陳敏抹牌。末一圈余訶責陳敏，陳敏不語而咳嗽，余悔謝之，余奈何以高聲對孤苦失業之女。終局余得十元。十二時睡王敦美床，曾夢總司令入南京城，蔣總司令騎白馬入探某要地，余步行將達，放馬入廄，馬逸余追，馬不知所終。前日余夢以木桶贈唐允宜，不知主何吉凶。

7月19日　雨止

　　晨在寓與施文耀講話，文耀流淚，伊務求得一靜室，最好在寧園近處，不易覓到。余勸伊勿太畏人，宜入影戲院散心而伊不能。雨中余往貨運服務所送朱育參賀禮，育參請假未晤。至中本，在張百成室作書致馬星野，云報販腳踏車上報袋宜折口，報館前面宜支雨棚，賞獎宜用雨衣、雨帽或皮鞋。此信由余今日凌晨張傘過中央日報門口親見到，故建議也（馬廿一日覆，已飭經理部切實改進）。回寓飯，飯後臥。三時至徐州路法商學院參加動員月會簽訂公約，余被推為主席團七人之一。散會，至朱虛白家，見其領養之女孩頗會講話。出，至長春路，未遇陳嘉猷夫人。至錢家，同李炳爰、探斗、逖先打牌。十一時返，大門尚開。得陳嘉猷書，明日之會因凌同甫、姚志崇有事而中止。

7月20日　陰，夜雨

　　早粥前丁泳清來約余出游，余等往乘新店車，到站購票即得上車，開行水泥路新修完成，車行極穩快。過公館，見人家婦女均蹲溪流洗衣皮，皂水不知有妨下流農田否。過橋未久即到新店，在肉鋪購肋條兩斤，退走鎮後沿山坡至李志尹夫人家，夫人咯血半年矣，瘦骨支離。家祐病風濕，走路則右腿骨疼痛，家瓊尚未起床，家□氣色轉好，在台大習土木一年，今秋或可得宿舍，余皆慰問之。出，於途中見家祐妻，為李家工作人員，亦面無膏澤，余亦慰勉之。丁君見此一家人，評為知禮。回新店，過橋先過陳芙生碧潭小店，則云尚穀開銷。繼上羅大固家游，龍草為棚五，如棻綵然，紅白花滿庭，大固又在屋外添房兩間，正在填土。余在其客室同徐老太太、陳惠民打牌，四圈而飯，香魚祇二寸長，今日購之不得。芙生贈黑黃蛋一，羅之岳母□又燒冬菇

豆腐，羅太太以包菜做成乾菜，味皆可口。飯後又打四圈，則為三時，回車站乘車返，遇秦啟文、席裕同。到寓則將四時，崑曲同期已笛韻攸揚，何敬之在座，蔣、徐合唱，李宗黃夫人唱畢，何離去，趙守鈺問余請吃洋酒否，余正將赴華山天主堂，答請以後日。五時半朱育參與劉祖偵（字月華）以天主教儀式成婚，余為證明人二人之一，簽字於冊觀禮者莫衡、費驊、修城、王世勛、慶澤彬、夏曦，以夏曦夫人白紗花衫弔帶裝備為最動人。祖偵母魏，年七十二，眾向之賀喜，有一嫂劉廣東人，招呼客人周到，同鄉到者洪叔言、顧儉德。禮畢，客赴銀翼樓下，設十八席，天熱人眾，余招呼至新夫婦入座，乃出。至雷孝實家陪傅孟真嫂飲白葡萄酒，王節文、楊□□飯後同唱崑亂大鼓，至十時乃回。得參謀總長周至柔代電，以明日費區特勒上將參觀國軍裝訓及陸空聯合演習，約明晨八時赴松山機場赴新竹湖口，下午轉岡山。陳嘉猷語余陳太太備菜西瓜雞，將移中華書局吃之。邱梁、孫再壬為蘇松太開會地點尋余商酌，未遇，余以電話覆之已夜深。

7 月 21 日　雨

晨醒已七時，中央黨部約七時集合者勢不能及，食粥後阿陶車來，令伊試往松山。過北門及大安橋平交道，兩柵柵簾鈴響下垂，兩遇過車，余以為八時開最後一飛機亦不及矣。及達松山軍用機場，遠望小汽車一排整列，余色喜。進客廳，遇袁守謙、連震東、鄭彥棻、胡健中、谷鳳翔、蕭自誠、羅家倫、唐縱、□□等，以天雨延遲半小時。余等所乘為天雄號，周至柔握送前艙皮椅九座，余等屬改造委員會者適為九人。余與彥棻鄰坐，伊譚僑務委員會委員長祇得五百餘元家用，常虞不足，往時姚碧澄助伊公用不足，伊亦於日內瓦助姚在法讀書。飛機上升時天雨，開動

未久即行晴空中，白雲塞山間，乃似絮條嵌古玩，出山成朵，中國畫所畫雲頭亦有意致，雲之外黃色水田鱗列梯層亦好看。正欣賞間，已下新竹機場，天仍下雨，休於候機室。胡健中疑第三機費區特勒或不來，約余賭東道。正議論間，導者囑上聯勤整配廠之大卡車，為立監委員特別預備者，九人上車，空了一半。車發竹北、山崎而至湖口，將轉上山區，袁企止囑下車小便。再登車，轉入三十二師師部，然後上山，大卡車不許行近第一參觀台，經交涉始得上泥濘路。晤徐軍長汝誠，余等上台時演習的第一階段已開始，中央日報記者云演習題為假想敵人由海上來襲，在我兩處海岸登陸，我軍分別予以殲滅。第一階段為我軍封鎖登陸敵人之後方，截斷其海上補給線，首由空軍轟炸掃射，次由各炮轟擊，工兵突進破敵軍障礙物，步兵分兩翼前進。余上台階，炮炸、機槍、汽油彈齊作，余並不驚駭。聽吳祕書炳鍾用國語、英語作說明，時有雋逸之語，使人發笑。天雨，余所攜雨傘恐妨別人視線不可撐起，而雨淋藍布袍漸漸濕重，緯國脫雨衣批余肩上。逾時四野沉靜，諸人前進之第二參觀台登台者約二十餘人，葉公超攜國製望遠鏡，測地及方向機在余近處。未幾第二階段開始，空軍及炮兵繼續作猛烈轟擊，坦克車左右各十餘輛自山谷中衝出，步兵衝過鐵絲網，焚及其頑強守禦巢穴。再進至第二參觀台，羅志希聞火藥氣，余祇見炸坑及破片，台離水塔極近，在第一台所見之遠景也。人齊乃開始第三階段，為吾軍既得敵陣地，敵別隊又四面來奪，我軍不擇目標，就守望位置作兩分鐘之密集防禦將敵擊退，如不擊退則將為白刃爭奪，謂韓戰時蘇軍、中共軍常作此種攻擊。余台前常飛過步槍流彈，亮如螢火，疾似流星，既停火而台下有一美國人遭破皮傷，流血不少。自敵前攙回之假傷兵，白布上塗以番茄醬，作僵臥狀，余觀之毫無可怖。至

是始覺危險，而演習已畢。最後則有飛機三架載降落傘部隊，每機三十人，傘分綠色、白色兩種，空中如蓮花百朵，非常美觀，則為增守部隊。觀畢，余謂總題應作攻頑強陣地，奪得固守之。事畢坐吉卜歸師部第一餐廳會餐，美友皆用筷子，有一人云使筷殊苦，菜三碟，一冬瓜線粉，一雞肉包菜，一辣豆腐干。飯畢即坐美軍車至新竹地方法院，余在院對面見連毅君，患子宮病初愈，又有眼疾。又見宋書同，書同陪余至尤介貞律師寓所，尤娶為台灣人，所住為市公產，以三千元典進之後，每月祇付房租二十八元新台幣，因房租省收公費亦較廉，妻為之通譯，故在新竹已可敷衍。出，同書同至陳石泉家，其兩子一女均歸，其金嫂為余約濮太太、王太太來打牌十六圈，余負。夜飯菜以肉圓線粉為最，石泉請余飽吃西瓜。今日新竹西瓜大熟，每斤祇兩角，三角者重二十斤，每枚六元。打牌中間王雅同辛學祥來，宋書同陪何惠民來，惠民云今日演習一傘兵落水中，背包過重不能洇泳，竟溺斃。百姓傷一男，子彈後頸入前出，一女破片傷背部。聞每次演習總有死傷，步隊亦殊怕做。夜同陳小姐玩笑，陳謂項蓉昨日同朱世楷到伊家，肚皮已隆起。

7 月 22 日　晴

六時起，誤以為五時而天大明，反云天亮得早。未至城隍廟已聞車聲，到站為六點十五分，快車已開行五分鐘，乃乘六點二十五分中之慢車。車行甚穩，每站停靠，不多時中央山脈青翠之外，低處外巒作赭霧，乃因晨曦正照，靜觀頗趣，車上乃得聞山間鳥鳴。抵楊梅後三等車箱漸擠，余自萬華下，至鄭家見澈，謂鄭皓子宮發炎，味經兄嫂均往基隆。余至梅龍鎮食鹹菜酵肉麵，出，走歸抹身，今日又回熱。祝毓偕林潤澤來，潤說明上海

修車廠事，周亞陶竟將停職，余致書谷鳳翔請其從寬。飯後戴恩沚來白李曼羅已到台北，在韻清家，謨棟未至。余得朱福元東京信，VFW遭火燒，營業未能回復，入秋可望稍好，東京各店亦虧本者居多，伊開支外可略有積蓄，姊夫已得就，與二外甥女月可得二百美金，惟伊母在南京音信杳然。又得鄧翔宇書，云張岳軍先生短期內將赴日，囑余同胡秀松、黃少谷、浦逖生約請一次。附來國防會舊人名單：

張 羣	胡家鳳	盧 鑄
劉壽朋	狄 膚	周君亮
王冠吾	王兆荃（寄萍）	濮薛鳳（逖生）
陳 成（志賡）	吳國楨	羅 理（味真）
胡秋原	孟十還	王唯石
王 飛（疇五）	熊昭祺（苾塵）	吳頌堯
鄧翔宇（鶴九）	胡 翰（立吳）	施文耀
趙樹德	郭繼昌	

　　夜飯在鄭家，與澈對坐，有豬頭肉。飯後至中央黨部，原為參加七全籌備委員會，張□□送余谷鳳翔覆書，附來管理員種種報告，謂周亞陶經余訓戒後仍罵人，有誰人來歇我等語，已將其工作停歇，萬難收回成命。開緘卒讀余欺極，離去遇谷鳳翔於簽名處，余云余決離開中央黨部。

7月23日　雨

　　晨張壽賢來，語我昨晚谷鳳翔於余離席後發話情形。余修致改造委員會書交祝毓送去，其詞曰：

膚蒙派為紀律委員會副主任委員，才力薄弱，本不相稱，數月來

因李主任抱病休養，膺勉強代理，關於紀律案件，因膺準備欠周，致多失墜，膺良用愧懼。最近因司機周亞陶經管理員指為種種不合，經膺告戒，惟念其在三十七年保護車輛有功，中央監察委員會常務委員曾譽其忠實，請谷副祕書長從寬留用。谷先生指為周亞陶曾經罵人，膺事前詢周再三，周云實未罵人。事經搬弄如此，膺德望未孚，所有苦衷不蒙諒解，再四思維，惟有辭去副主任委員職務，以免愧對各方。專此申意，祇希鑒察。

　　書發，並託祝君奉還余向中央會計課所借一千元。此款蒙朱品三自趙耀東處移來，品三昨晚因恆社聚餐，同邊定遠、李□□上樓見我，我託伊借債還債也。余出理髮，至錢馨斯家，馨斯正為中央通訊社索伊六席住房而流淚，余為寫片曾虛白請維持。出，至凌家小坐，遇陳舜耕夫人。出，遇黃曰昉，曰昉亦訴被欺之苦，隨余返。戴郛來坐。余見張其昀十時半留字，云頃來奉訪，未晤為悵，一切容面談，兄萬不可消極，附件並祈察閱。所謂附件即昨夜谷鳳翔覆信。又中央黨部寄來張其昀簽字一信，云適間奉訪未遇，午後當再訪晤，面罄一切，交來辭章謹先奉還，敬祈惠察。午飯後余赤膊，張曉峯來，以維持大局勸我，謂余秉公敏決，不但例案熟悉，助伊甚多，周亞陶事必秉公處理，請余打消辭意。說之再三，余仍堅辭。張在座時，溧陽史祖鰲亦在座，余謂同志之困苦不少，祖鰲云狄文琴遷信義新村十二號，住房現已出售。余為作片季源溥後，余得午睡。睡起錢鎬城父子來，鎬城今日自香港來此，與其子七年未見，云述尼與龔敏求兄同遭戕害，敏求詩詞均有進益，戴麟臣之子亦被捕，大陸今做反三師，律師、醫師、教師，不知鬧至如何程度也。錢去，余至鄭家飯，葉端若夫婦今日自草山下來，云陽明山管理局長施季言

罷，今換陳保泰，飯後食桃兩片乃歸。祝毓自李君佩先生處歸，勸余維持至代表大會，明日再請馬星樵來見我。今日祝君見張其昀、谷鳳翔，說明周亞陶何以在所必去之內情，谷似較為明白。

前日洪蘭友在總統府云自立晚報經理李玉階之子李行（字子達）與子壯次女求訂婚，挽余及張壽賢作媒。今日壽云壯嫂已來台北，對求婚者愛話劇影戲不滿，且未來見過她，而求婚者將去受訓，恐王女活潑另有人追求，求早日訂婚，求之過急。王為鐸云我用手槍打他。余曰此為婚姻常事，勸他勿急，要吃螺螄漫漫摸。

錢山（守塘）未將余寄存伊處之著作箱帶來，其夫人玩余覆書語氣，謂似不迫切需要。守塘在聖士提反之住宅已將樓房易平房，使夫人患心藏病者免走樓梯，房租五十元，略有隙地，守塘種植菜蔬，每周任課二十六時，還兼夜課監堂，月入港幣一千元。

7月24日　晴

晨胡希汾來，夜吳寅介來，均知余有辭職事來慰問，寅介係李達三告他。祝祕書云關於汽車事，派三人小組、六、七兩組及財委調查，五日內可以斷清。上午余曾至招商局尋施復昌。入公園廣播電台，電話馮君策夫人，請君策明日來講玉山紀行。歸寓，閱書報，為中華文化出版社寫書簽。飯後余攜酒及菜至侯佩尹寓，伊自苗栗訪業師杜宴歸，攜回西瓜給余食，在房午睡申飲，頗樂。日暮觀草山煙霧，且行士林街道，往訪雜貨店女老闆，尋劉大悲家，無人。在陳子仁室晤大悲，知施季言之罷免，子仁稱快。余回雷家，同汪靜貞、焦益民飯，益民汲縣人，識吳鶴九。歸時同汪、焦走博愛路，汪愛騎善走，女醫生之強者也。

自前年有人贈秦啟文以似蝨形之蟹，名曰蝦窖頭，肉嫩而殼軟，如以膏蟹之膏相和，炒蟹粉可以亂真。上月邵介堃赴宜蘭

購來不少，則更新鮮而味好，余以之託擎華，擎華來信云近不
易得，如有便人來而又購到此貨當送來。又醒宇來時，擎華擬來
歡敘。

7 月 25 日　晴

　　晨諟忠幹來，林鼎銘、胡光炳、王介民、李士強、林成根均
來，馬星樵先生亦來。馬先生謂紀律委員會職責不能放棄，周亞
陶應回復職務，谷鳳翔偏聽並草率決定處分應向膺道歉，管理
員誣衊人並有情弊應澈查，與余不願追問而自身消極者迥不同
也。姚志崇來約星期日雀敘。張壽賢陪子壯嫂來商家事，三王以
同住豹子溝為全盛時期，其時子壯血壓初高。諸人既去，余至立
法院觀劉延濤畫展之尾，林中行、邵幼軒夫婦畫展之頭。劉君有
意致、有筆法，工力尚淺，林夫婦花卉人物描本居多，且不無俗
氣，其中有余紹宋介紹一字條寫得精神飽滿。余歸，有同鄉錢煇
宁，服務糖業公司，近奉派出國，來訪未晤。

　　余往來立法院時，兩次在美使館前遇金壇于懷忠，余告伊李
徵慶之反共史事詩稿胡一貫已寄回余處，因軍中奉命不得用文言
文，一貫且云本書如出版，則樂為介紹。余託于君轉告徵慶。

　　飯時丁烑清來，託余隨時為之物色配偶。飯後臥，臥起開
蘇松太同鄉會，在新蓬萊二樓，清潔而有風扇、冷飲而頗有味，
有數窗西晒而天氣至應晒時陰晦，共到不足五十人。馮簡講玉山
探險，謂高山遇黑雲，人須伏地上以免觸電，失足多在認為無足
介意之處，爭英雄不小心。洪亦淵講崑山鄉訊，施復昌講崇明人
旅台情形。五時始散，楊佛士語我中央黨部事緩幾日再說。虞克
裕（右民）入夜來訪，未晤。

　　余同陳嘉猷夫人至凌普家略坐，坐車回寓。出，走博愛路遇

錢中岳，入燉煌書店向羅寄梅夫人索書。至趙韻逸家聽趙小姐唱
梅龍鎮一段，聲高而字音不清，非玩笑戲之唱法，請伊改低再唱
一段，較為輕鬆流利。在趙家遇史尚寬夫婦，余誦毛毛史公贊
引笑。出，至雷家，雷穎之子彌月，子生兩耳貼服，左小指長秀
主聰明，其外祖母年四十九，與望之同年。余遇常熟同鄉□□，
譚謝家橋羊肉麵、寶嚴楊梅、璜涇馬鈴瓜。飯時散坐，食 Buffet
Luncheon，以蟹碟為美，炒飯亦佳，最後為冰水果，量太多。
有李太太唱游園一段，停電看不見曲譜而止。余同項蓉走街至中
本公司，項折回，余送至衡陽街始歸。浴後即睡，頗為疲倦，閱
鴛鴦湖櫂歌，尚睜不開眼。

7月26日　晨晴，午陽明山小雨，午後三時台北雨

　　晨祝毓來請批稿，李徵慶來取去詩稿。吳瑞生來送孫方贈溪
內女郎李英華食物、陸京士贈生髮余及耳環、余贈肝精補血丸及
其他食品、小說，足以送去矣。九時許諶忠幹、俞勗臣車來候余
往陽明山，稱吳先生病重，既至則尿一大盃，一小盃已抽出，
師正睡去。馬、馮二老均說昨晚抓空，勢甚嚴重，吳迪醫生、姜
謂臣、徐芷萍小姐皆在，蔣經國來兩次。師醒時余往勸入醫院治
療，師但云謝謝，未拒絕亦未首肯。余入浴一回，並同則中、
諶、俞、吳、徐入國際旅館飯，初以為菜不好而貴，既知菜尚
可，每人費二十元，諸人極歡。二時余辭師返台北，在秀武處
茶，臥榻榻米二十分鐘辭。出，在真善美託售店購展大法帖孫過
庭書譜三本，索 150 元未就，又出威士忌、白蘭地，余無錢未
購。下雨中雇車歸。朱世楷來拜訪，十一點一刻，未晤，云本晚
即返新竹，未知何日再能來台北也。下午六時至新蓬萊四樓，譚
彬石娶何欽翎，今日公證結婚，備酒幝、對花籃均有，開席定七

時，嫌太遲，定菜二百五十客，嫌太多，余為商保留五十客明日吃。余晤姜超嶽、陳君樸後，即至李向采處飯，有油麵筋，夏日微有餿氣，餿在油炸之前，又有鹹山藥泥。飯畢至錢家，余接陸世榮與秦、李打牌，余負。逖先將出視察。

7 月 27 日　晴

　　晨朱世楷、項蓉來，世楷索茶葉。宋書同來，言新竹地院庭丁索詐詞連書同，伊有停職受偵查可能。余同三人擬上梅龍鎮早點，門尚未啟，乃與宋別而入三六九吃蝦腰蠞糊，炒頭尚可而麵湯不佳。既攜項蓉入凌家，同凌太太至陳嘉猷家。因打電話而入台灣地方幹部學校，係周一夔所管，新校舍前佛桑花盛開，有深紅絕豔者，凌太太採一朵歸。路上購油條，炸油條老人年七十五，其孫女趕麵，生活得頗自然。姚志崇以十時來打牌，志崇和三滿貫，夜九時許始返。項蓉於夜飯時來同食西瓜雞，余愛吃鹹魚蒸肉及蝦米王瓜。是日陳太太大負，余輸一半。

　　汪經昌來候余，未晤。俞成椿攜小孩三名於午後四時來，皆未晤，留條而去。

7 月 28 日　晴，颱風夜雨

　　晨丁溶青來。余至俞俊民家為方肇衡送菜時，尋中心診所廚徒炳先。出，至雷家，雷孝實夫人送余返寓，項蓉未下車。飯後余尋侯佩尹，佩示余伊師杜鹿笙宴詩，囑送登暢流。余在佩尹室午睡，吸煙飲茶酒，五時方同出。余回寓尋項蓉不得，取海燕苦瓜至鄭家，則項蓉正與味經譚話。飯時有炸魚、酸菜筍尖湯、苦瓜海燕，湯極鮮。飯後攜蓉入龍山寺禮拜觀世音，寺建於清乾隆三年。回走桂林街，至南門別，回寓以冷水洗浴即睡。鐵路黨部

贈余三軍球場籃球賽參觀證二，余以之贈劉保澍、邵介堃，二人往觀，天雨乃返。夜颱風，雨勢甚猛。

7月29日　颱風雨，偶朗晴

　　晨祝毓來，約明日十時開紀律委員會，余意除閱會中文書及開會時當主席代理外，中改一切不再列席，以免作不平鳴時傷人。祝曰當看調查小組處理得何如，如處理得君所義憤之處消滅，則以回復常態為宜。余曰處理時以為周亞陶辯明被誣，對管理員查查而止，決不須究及上級，無由澈底清也，余所不平者尚在。祝去，奚志全來告沈昌煥叫俞士英作文，俞作關於法律文一篇送去，不嫌乾燥耶。余同志全上梅龍鎮酵肉麵，玻璃窗外雨橫風猛，紅皮椅對坐汎談，所食煨麵尚殼標準。出，遇侯佩尹於成都路上，商里大同學公請蘇雪林（梅），昨日到台北。余尋錢馨斯，知住房須搬讓，曾虛白意已決，無可挽回，有可能另蓋一房。旁有松江太太云此為辦庶務者之所願，言外見得有弊可舞，其人入庶務科者不必為主任也，數月之後家庭改觀，此則有甚於大陸，反攻大陸重建民國，顧此殊無望耶。出，遇佩尹於西門國校四路車站，恭奉杜先生在涼棚中，為余作介紹。歸途風猛，至不能張傘。

　　錢雄飛自英梨寄來五月二十左右之天聲日報，報頭係總理所書，報中畫紅線者為辯明赤報毀謗王校長，東印尼首府錫江新華中學赤色教師集體逞兇。天聲日報則在 DJAKARTA-KOTA（DJAWA）爪哇出版，當地稱耶城，余錄南洋風土二則：

　　芒果種類甚多，如白花、紅花、象牙、甘薯、雞蛋等，象牙杧果碩大無朋，已將十分成熟時食之為佳，取其脆甜而帶酸。甘薯言其鄙俗，雞蛋取其形似，紅花芒果肉雖豐滿，甜味太過濃

濁，不若白花之清馥可口，土人愛吃。暹羅杧果糯米飯（在曼谷五馬路）皆取用白花芒果（切芒果宜以銅質小刀）。

檸檬為維他命 C 之王，敗血症、疲勞皆為缺乏維他命 C 之現象。檸檬含此質最多，其用途：

（一）榨取檸檬質，煮沸之後加砂糖飲之，可以治傷風、增精神。

（二）切薄片加砂糖給小兒，每天兩片。

（三）煮蘋果醬加兩片檸檬，味更鮮美。

（四）檸檬皮油可作香料。

（五）吸香煙的手指黃了，可用檸檬汁擦去。

（六）擦黃皮鞋上之汙點。

（七）小姐們進廚房可以檸檬代冷霜。

（八）睡覺前洗面水中加檸檬，可使皮膚光澤。

朱彝尊題福州長慶寺壁曰：荔支，粵中所產掛綠，斯為最矣，福州佳者尚未敵嶺南之黑葉，而蔡君謨譜乃云廣南州郡所出精好者，僅比東閩之下等，是亦鄉曲之論也。

天聲日報有阮陳彩蓮相片極清晰，膺敬剪貼。

西諺云：女子弱也，而為母則強。阮陳夫人出生在廣東，住波特蘭城，洗衣作，十二年前死了丈夫，獨立帶大了八個子女，達拉第夫人授與獎狀，云基於母愛建立了精神與物質都堪為模範的家庭與生活，對社會出美好的貢獻，已使她自我犧牲的精神為眾人所公認。

一九五二年美國母親
阮陳彩蓮女士

　　台北颱風之下午，狄膺書此之後，哀慕與我永別廿五年之先妣陸孺人，暨逝世方滿一年、音信隔絕、不知死日之適戴胞姊穎芬。

　　五時後走至鄭家，敏、怡均因颱風停加班，飯時苦瓜湯不及昨晚佳，豬腸未購到，上次粉蒸肉亦未做到。兩幼子將入中學，明日投考。夜飯後大雨，雨後歸，過黃筱堂家，觀其孫女與同住人家之男孩爭拖鞋而哭，余飲茶兩盃乃回。

　　閱曾孟樸紀念特輯，係其子虛白所藏孤本，曾樸同張鴻均肄業總理衙門之同文館，習法文，旗人世益三（名增）為教授，世增命使出洋，乃改由德友軒教授館課，規定每日讀三十三字，第二日背誦後再上新字。

　　陳季同係福州造船廠廠長，游法多年，與伏而泰等常相往還。在滬與曾樸相識，係林登閣所介紹。曾樸所撰病夫日記，十七年五月二十四日記云：

　　陳季同是我法文導師，今日張若谷來又提起了他，若谷云這種世界文學之先驅者，我們應當表揚。今日同往法國圖書館（Alliance Française）繙閱書目，發現陳季同著作四種：

（一）一個中國人描繪的巴黎（*Les Parisiens Peinte par un Chinois, 1 Vol.*）

（二）黃衫客傳奇（*Le Roman de l'Homme Jaune, 1 Vol.*）

（三）祖國（*Mon Pays, 1 Vol.*）

（四）中國的劇壇（*Le Theatre des Chinois, 1 Vol.*），有獻給 Mme Marie Talabos，六卷：（一）戲劇自序、（二）著作人、（三）曲、（四）類、（五）腳色與風俗、（六）幕閉

（五）中國人的享樂（*Les Plaisires en Chinois*）

　　　　祖國分十章：（一）社會組織；（二）Une Jeanne d'Arc Chinois；（三）學生；（四）嚴公夫人的歷史 L'histoire de la Duchesse Nien；（五）游歷；（六）益蟲；（七）中國商業教育；（八）支那的猶太人 Les Juifs en Chine；（九）水利；（十）世界的議會；（十一）中國的亭子 Les Pavillon Chinois。

　　二十五日，曾樸閱 Pierre Louys (1870-1925) né à Gard 論文，莫利愛傑作之著作人是不是高耐一，其證據有二：一、莫利愛沒有受過高深教育；二、莫利愛沒有一些遺留的手稿，有的祇有兩張收據，綴字多錯誤，便斷定做不出「假面人」、「厭世人」等諸作品，曾樸云真算得奇論。

　　余與江蘇省議會中之國民黨議員陳大猷、黃守孚、朱紹文相

識，係徐羲青姻丈所介紹，余頗寄與各人同情，飲宴往來頗勤，崑山朱孟豪、太倉胡尊山亦同趣。茲閱朱紹文紀念曾樸文，云江蘇省議會第一屆成立於民國二年三月一日，曾樸、張謇等屬進步黨。是年夏南京獨立，後當局密令將軍巡按使窮治江蘇省議會副議長錢崇固（強齋，吳江人）及議員俞仁愈、陳大猷等，曾樸先竄朱紹文名字於進步黨名冊中，紹文否認之，曾樸曰南京獨立為七月十五日，省議會閉會久矣，議員中實無與聞者，宜先以待查報中央，一宕再宕，即無形消滅矣。將軍從其計，保留善類不少。

連日右第三犬齒搖動，以舌舔動，今晚上床後此齒落下，現惟第二齒尚堅牢，左三、四兩齒則搖動已久，自此三齒脫下，當鑲假牙。

韓同來書，以行政法院院長王齡希病卒，伊兄韓燾現為該院首席評事，囑余在王亮老處進言提升。晚又得來書，云已發表楊某，囑余不必進行。

7月30日　晴

起身後見厚粥，怕吃。近時彭廚每厚粥硬飯，係湖南工人所好，余頗苦之，席裕同云他們廚房中人以吃飯為吃菜也。十時余至中央黨部開紀律委員會，高雄縣陳君案，眾以為伊尚知向黨訴說，改為開除黨籍。高雄市羅君雖在市黨部任紀律委員，但脫離黨的組織一年以上，依律停止黨權六個月，余提出兩次，眾謂不考慮，余無法強之。會散，同朱驂先先生入台大附屬醫院 702 號探吳稚暉師病，時方通管放尿，已十時不放，放出約四百 CC，尚清。諸女眷圍觀，鈕惕生先生在照料。蔣碧微送余歸寓，食硬飯後睡。三時許錢鎬城來，同往士林觀蘭，偉天開巨朵者曰

Vanda。坐王世杰載花車歸陸京士家，食西瓜、鳳梨、菜豆湯及臭豆腐干。京士夫婦雙出，其庭添鋪草皮，剪插花木，比前時為佳。余等坐樹下飲苦酒，但臭豆腐之濡而佳為臺北市稀有，方橋蔣媽所治之臭鬇也。蔣媽以筍尖及□菜梗入鬇幾滿，此時爛成半鬇，特別鮮臭。陸家所用阿妹圓臉美齒，塗松人，始識余在沙溪唐鴻業家，為某年除夕之雨夜，今已達秋風蟹正肥之期，尚無男伴，惜兩腿膒傷不美。莫家之阿姨蘇州東河南橫涇人，今日亦見之，知其非璜涇人也。出，同鎬城在真善美舊貨店購日本中央書道協會專屬印刷所昭和十二年所印展大古法帖、孫過庭書譜三冊，出新台幣一百元。今年為昭和二十七年，此乃日本戰前所精印，將書譜減沒擠小之病除去，放大之後益顯精神，購得後非常欣快，惜乎不及奉先府君賞玩也。回寓放帖，攜紗布及利汎諾爾敷液至項蓉處，蓉昨晚面部紅腫，想是蟲咬。余至趙韻逸（琛）家，菜置於盆，客尚未到。七時半龐惠之、龐妻防城馮瑞玉、朱汝平及拉胡琴者趙高（福鴻）均至，乃同飲酒食麵，今日為趙苗芬生日，所治菜無珍味。天悶熱，韻逸置檢察長官舍不住，苗芬生日不以告，來客亦無別人知之者，克己省事，足以效法。飯後唱罵殿、游龍戲鳳（苗）、三娘教子、楊宗保（小生、平）、瑣麟囊、春秋配（玉），以瑞玉高嗓學梅蘭芳者為佳，趙高配胡琴，與瑞玉有神合靈應之趣，斷弦後換一上好京胡，弦亦不堅。十時食蛋糕乃回，浴後乃睡。

7 月 31 日　雨晴兼作

晨祝兼生來，謂李君佩先生囑余出席總裁主席之中改會，省得總裁問起祕書長不好作答，並云為時祇二月，須作好收場。九時至立法院，今日外交委員會提請通過中華民國與日本國間和平

條約，又建議第三條所云日本國及其國民在台灣及澎湖之財產
及所作要求處置應另商特別處理辦法，此項辦法應經立法院通過
兩案。杜毅伯主張標題加「議定書」三字，遭否決，諸人發言。
至下午又商一、二兩案合併討論，分別表決問題發言。至五時一
刻舉手表決，在場三百〇八人，舉手贊成通過者二百〇四票，余
舉手通過第一案，第二案余未舉手，亦得通過。余回寓，坐車至
錢家還藕兌金飾，坐車至頂溪州商文立家，遇李明良夫婦、華仲
麔及其母能書之高氏，年六十四。張道藩等被困於周西成氏曾維
持之者盛澤施家福夫婦，婦為伊通齊耀珊女，謂伊父八十四，艱
於小溲，經蔡同芳打針治愈。侯佩尹、劉大悲夫婦及二女，菜為
貴州式，係唐鄭妻所燒，以焦湯雞、宮保雞、紅燒魚、鍋巴湯為
佳。仲麔曾於勝利後晤余，南京公餘俱樂部李仲公席上，伊住中
央黨部祕書高自約樓上，余絲毫不能紀憶。仲麔曰華茅之起，先
得名泉，傳於兩童子跳處開井成佳釀，次為酒麯，須得酒糟自製
麯，三為回沙。大悲亦言回沙之重要，余意清醇乃回沙之效。大
悲云儻得酵母而以化學培養，就劍泉釀酒而回沙焉，華茅當霸自
由中國，仲麔答言未能也。仲麔並舉自由談茅台出於雲南華氏，
自雲南遷貴州。又茅台酒立案呈中引鄭子尹詩句，官廳批華家酒
何關鄭家詩，濫引詩句等笑話。席散食西瓜，洗手時見宋漱石之
女（侯云命有三官者），病後未裝飾，不及前時之美。余坐大悲
車返寓，天熱齒軟，不願入浴。余午後獨坐立法院堡壘廳藤椅中
納涼，可靜聽會場發言，遇委員侯紹文，伊住板橋大觀書社，月
入不敷約四、五百元，思出頂住所以維家用，余勸其不必如此，
伊夫人產後頭背皆痛，不知療法，余頗憐之。晨會曾偷至掬水軒
冷麵，余不知挑麵入醬油露中，賴女侍教我。陳桂清語我顧祝同
之不督教希平，不幾同於鈕永建之不管長耀，長耀惟有勢力者是

捧，希平陣中長耀為上將，長耀不捧鈕先生而捧希平，是識時務者所為耶。余前日未遇俞成椿，成椿雖聰明但亦慕勢利，不必其能引長耀於正途。

總統府侍衛室檔案 7 月 18 日上午往來賓客紀錄（非日記本文）

8月1日 晴

晨整理桌架後項蓉來，在余書桌寫致朱世楷書，同出至立法院會計室胡篤琇處取款，現任出納科長羅君□□為黎子中夫人之弟。出，至中本交存單與朱品三，至中華書局取利送至鍾鑑同人分用。初聞陳嘉猷夫人有癌病嫌疑，將小開刀取材切片檢查，為之憂悶。出，同項蓉掬水軒冰麵乃歸，飯時食鄭敏遣林在明送來之鮮大王金絲菜，焦立雲亦愛吃。飯後臥，臥後又坐沙髮，在紙窗縫中納涼，閱曝書亭集，又昏昏睡去，有邵君來請寫書籤。六時候車不來，與莫葵卿、慶澤彬等閒譚。坐三輪候項蓉，知伊今晨曾失派克鋼筆，趕赴掬水軒，於椅縫中得之，先愁後笑。今晨攜伊往中華書局在孫再壬處，孫為購龍眼，余強之攜歸，儼然小孩也。余等赴雲和街朱鍾祺寓，碧子腹部隆然，王豐穀正為正中書局不善處理香港租房，奕蔭街房東竟與現住人涉訟而氣苦。夏教授張畜狗者同飯，有素煎黃醬冬瓜雞、加里雞等味皆勝他家。飯後候張、舒兩君回飯，舒君患瘧不舒，乃走南昌街，擬在大學書店尋展大古法帖，無所得而乘車還。鍾祺今日為購值港幣六十元之雨衣一件，價為台幣一百元，明日往永安時約項蓉去觀出當貨，又言兩星期後有大批出當貨。歸寓後坐草坪藤椅中，全部寓公翹腳納涼，極為風涼。有女客葉佩蘭來，余等皆半裸不及穿衣，女客曰無妨，此草坪鄰近海濱浴場，我是外來客，尚未入浴。

8月2日 晴

晨赴立法院聽龐松舟、陳慶瑜報告，擬改政府會計年度為七月一日至翌年六月底為一年，營業預算仍不改之各種理由，聽至十一時乃返。在會場贈陳志賡兄以姚志崇特自香港寄來之短黑紙

扇，潘士浩前贈余伊之破損較少者，余亦還伊一把，今晚再還
俞俊民一把，姚贈半打，余餘三把。在重慶時葉楚傖先生愛在余
手中取去扇子，翁文灝任行政院長時余亦曾贈以扇，此人其時配
合馬歇兒政策，云是學者當國，黨性淡些，不知其終為共產黨用
也。王廣慶與余對坐論現代書展，謂溥心畬總有末落王孫樣子，
書畫皆無第一流氣概，傅狷夫衰颯，魯蕩平浮飄碑版工夫太差，
有任博物篆隸已上路，王壯為正經，皆有前程。王君云臨篆隸而
後行楷，有銅山西傾、洛鐘東應之妙，不必自說而人自知，真灼
見也。歸寓，於十二時飯，飯後車赴松山機場送張岳軍先生及夫
人馬氏，攜周君亮、吳誦堯飛日本東京，許世英、何應欽、葉公
超、王世杰、黃少谷、吳鐵城夫人、劉航琛夫人，男女約數百人
擁擠於過道中相送，余託岳軍先生訪問書道協會展大古法帖共出
幾輯，孫過庭書譜之外還有何種。余勸君亮多寫小文，伊云蒙多
獎借，謝謝。一時半歸臥，夜飯赴俞俊民家飲意大利 Vermouth
甜酒半瓶，不及法國貨之佳，菜之最佳者為筍衣香椿頭加冬菇
絲。回，至凌同甫家，同姚志崇、瞿梅影、同甫夫婦打麻將八
圈。十一時散，梅影與余五時許遇於凌家，凌太太諷打牌以消
悶，伊乳下小塊張先林主割驗，先林為中心診所外科主任，頗有
名。夜歸，念母及震弟媳蔣蓉及許慎微表妹皆以癌病致死，傷痛
在懷，輾轉不寐。

8月3日　晴

　　晨丁溶青來約出外早點，余寓中亦煮麵，余復有所待，久之
始上梅龍鎮吃燒賣。是館上市遲，定價亦不甚當，余雖勸改良，
無人作主，終必失敗，但菜心燒賣還美，余與丁不能盡，攜老劉
及焦立雲食之。十時在凌家同孫伯顏夫婦、姚志崇、凌同甫夫婦

打麻將，余與嘉猷夫人合一腳。十二時半鴨湯餛飩，皮子蒸後發酸，湯亦不鮮，余批評不佳，凌太太不樂。桌上復有四冷碟，拌雪菜及皮蛋拌豆腐皆合格，惜乎無酒無湯無飯。二時半余赴杭州南路一段 111 巷二十七號俞良濟、程競英家，崑曲同期第七十七集，余同華繹之、汪經昌、孫再壬、郁元英坐後房，舊曾三次打牌之房。吹唱在前房，項馨吾自美國回來參加，先唱絮閣之生，既唱驚夢之旦，既而唱見娘之老旦。徐道鄰坐於門，余同張毅年按譜細聽，確屬工穩腔美，與加花者不同。余聽之五時，至居覺生夫人處賀伊生日，叔寧赴美二十左右可以成行，總統已批准六十六名，叔寧在內。六時在庭園開兩席，余同李翊民飲高粱酒，粗魚大肉係一老媽子所煮，蒸鴨肫極嫩。去年此日居先生正愁。遣叔寧游學則更為寂寞，情見乎辭，余在庭園慰之，今日不忍提也。席間浩然講今日歡迎吳清源盛況。余於徐培根到後食麵一盂，乃復至俞家，李宗黃夫婦、蔣倬民未婚夫婦正各散歸，余與徐炎之、雷孝實夫婦、朱佩華、朱敔春陪項馨吾飲強海一瓶，餘菜以髮菜湯、帶子蝦、煎黃魚為美，席間唱喬醋、痴夢、斷橋等曲。席散，在庭間月下演思凡身段，月光照人影，與竹葉隨風俱亂，雷孝實不忍遽歸，余返寓已十一時，浴後得熟睡。許師慎以晨間來告我今日為居夫人生日，胡立吳以下午三、四時許來，皆未遇。

8月4日　晴

　　晨作李翊民、孫鐵人、李適生、孔達生書，告八日將赴台中。至中山堂聯合紀念周，吳國楨報告上月十八、九台灣南部雨災，堤防未潰，災來已在收稻之後，為不幸中之大幸。正聽得有味，張君來喚郭澄喚同車，澄車未至，余在堂廊遇遲到未入之葉

秀峰，謂國民大會黨團幹事鈕長耀奉顧希平命出而競選，鈕得票
十，葉九，許多同志對鈕不滿，鈕心目中將來為江蘇之民政廳
長。顧祝同為家天下之主持者，答人問則曰軍事問錫九，黨務、
政治問希平。十時余至圓山紀念周，總裁講整頓軍容後，命人讀
土地國有之要義小冊，命人參考設計觀念之統一小冊。余遇熟人
甚多，單衫藍綢搖扇，有人豔羨，莫淡雲亦與余笑語。谷鳳翔余
與之握手，余前日語楊亮功以谷偏聽有誤各節，周亞陶停工理由
為違紀，另有人弄筍頭，不關谷事。余遇林彬，問伊宋書同事，
答曰新竹檢察署向取保人索賄已不止一遭，其餘人已在押，宋傳
未到。宋君十五年來以幹才出現溧陽，奈何如此。散會，同楊愷
齡探吳先生病，張道藩、吳則中、續新均在。吳先生不言不語，
懶於飲食，陳凌海喂食紅色維他命丸九粒，一丸一口水，看護勸
吃鮮橘水則拒絕。用費總統府擔任，院中雜用每星期約兩千元，
上次送去者已罄，余午間打電話與王雪艇夫人請再送，雪艇二日
為陳霆銳控案覆余書「七月十一日惠書暨附資料均已收到，並經
細覽，特復並謝。」十二時回飯，施振華遣人送來剩衣，教余勝
利後攜回，此後姪當一往直前，萬事自會小心。三時許林潤澤、
祝兼生先後來白事。五時後至凌家，知昨輸須分擔一百十元。至
鄭家飯，有燉豆腐為美味，豆腐極嫩，清晨六時送來，吹喇叭為
號，價比普通略貴。飯後歸寓，途遇吳阿龍跟肩索錢，余不之
與。謝長茂寄來余在新營精誠校前及關子嶺風景片各一。

　　鈕長耀辦強恕中學，現有十四班，其級任教師高三下王元
鑫、高三上楊仲文、高二下趙孝山、高二上商志新、高一下貢火
生、初三下姚治基、初三上梁中興、初二下甲陶家麟、初二下乙
夏煥新、初二上吳保純、初一下甲方嵩青、初一下乙尹祖烈、初
一下丙胡惠淵、初一下丁商家墊。

飯後監察院林德璽攜妻王淑君來，王威海衛人，長身白皙，貌亦皵美，惟無書卷氣，書卷氣本不待讀書，此人則無。劉前日中暑，忽厥躬反背。王中風濕，右背發酸，今日求住鐵路局北投招待所。

8月5日　晴

晨鄭味經來，聞臺灣銀行將設有獎儲蓄部，囑余作書俞鴻鈞求任用。洪西恩來，為伊在台北女師畢業成績不在八十分以上，不能派在台北市而派在臺北縣，伊查有同學□餘派在台北市而已在台中縣電力公司覓得一就，囑余修書陳雪屏允調洪西恩台北市，余為作書，不知有效否也。余同西恩將下樓時項蓉來，同往立法院取信封及副網，遇徐銘於立法院廊中。余同洪、項同上梅龍鎮麵及燒賣乃回。閱自由談二卷十一期，王寵羣譯 Monica Baldwin: *I leap over the Wall*「我跳過了牆」，為重入紅塵的女尼，謂女尼所穿為長袖罩袍，墊肩墊襯目的是要把人體的線條完全隱蔽起來，尼僧長的訓示為必須捨棄自己的興趣和習慣，而讓教規環境典型方式同化了你，尼房小至僅能容身，一桌、一椅、一硬板床、一具帶有抽屜之小立櫃、一床又硬又粗的毛毯，其勉強的規律不僅是把人生這幅美麗的圖畫毀壞了一部分，同時也就是否定了上帝創造人類之目標。中國刻苦學派亦切忌落到此身有安便處便入可欲境界，此乃多與少取之論，與尼僧之違反自然皆有流弊，巴爾特溫之寫法比孽海記為廣。下午三時侯佩尹來，余繪圖請伊往探吳先生病。劉和生來送高粱酒兩瓶，余以之送鄭味經嫂生日，嫂生六月十七日，應為七日星期四，因鄭明星期三不加班故移前，李孫秀武生六月十九則在九日，因另有應酬，亦改星期三。方肇岳來請，云明日恭候狄伯伯不到，大家餓肚皮，鄭浩偷

飲高粱，鄭澈往購臭豆腐干，不如陸家者遠甚，又有紅燒大腸。飯後余至錢家候陳敏不至，余即出走建國北路，圓月在碧空照山野田塍，特別好看。今夜為六月十五日，余至長春路略觀洞庭湖划船，船身大小易溺，姚志崇曰船大則生意經不合算。余至陳嘉祐家，同俞康夫人、晏夫人打牌四圈，余勝，晏夫人輸，已十一時，余不願繼續乃回。車過秀武家，知明晚有吃局。過鄭州路，遇邱梁。歸寓，中華藥房王姓壽酒，焦鴻英、高華正在唱戲，高華唱得頗佳，惟有太做作處。

羅志希於五時許到余寓，譚黨史會中人以會改隸國史館，一切福利不如在中央黨部，常要求與中央一樣，但事實上有不可能者，則怨主任委員不出力，其中有人擁孫鏡亞在老同志間作弄。志希於中央日報我們的敵國說伊寧事變主政者處理未善，吳忠信、鄧翔海皆不願意，盛世才之辯正皆鄧所掀起。又志希夫人來書，郭有守被派出席某種教育會議，郭曾在德立說願赴北平，並自誇其妻楊度女與共黨若何關係，今又搖身自由中國，真不堪之至。今日理論委員會論定民生主義認識論，取崔載揚本，抑羅志希本，自大之徒又隨便說話，志希亦欺苦。

遯思齋日記
四十一年八月三日
志希為 君武書

8月6日　晴

晨在寓食粥一盂，託盛松如購車票，太陽光好，余曝長衫五件，至飯後午睡既醒乃收衣。侯佩尹來，吸水至瓶罄，同往台大探吳先生，余先在門口遇蘭伯，引往西廊見朱人德，背上石膏悶氣難過，又乏營養，不易收口。既而至吳先生房，人有喜色，今日食雞蛋兩個半，出大便甚多，飲水不少。佩尹推吳先生八字謂立秋最險，今日為立秋前夕，宜格外當心，今日能有此象，可望轉愈。出，至和平西路徐穗蘭家送酒，謂九日蝴蝶會或不能參與，請盡此瓶，不必等我。既至鄭家食狀元樓菜，以魚翅干貝湯、雞火湯為佳，林在明為余贈李志伊夫人肺病藥針，今日鄭敏交李家瓊。食畢，余至李向采家，秀武以方仲豪待久不至方發氣，余昨辭謝不往者先到。方肇衡自醫院回，飲甜汽水入小盃當酒，余食稀飯一碗，甚適。食畢另有兩女客來，天熱房小，余出，步行返寓，皓月在空，青山染墨，西天則雲開電作，頗好看。歸寓，解衣坐草坪，俞士英、奚志全來納涼，忽雨點加大，搬入室內。宋書同來，述伊案已譚話一次，不能證實。余等復搬至露天，老陳砰砰關窗，意同逐客令下，俞、奚乃去。奚云伊亦唱荀派戲。又得施振華信，軍中禁通信而伊已作三書，自敘曰南田云正積極作進入之準備。

8月7日　晴，有颱風消息，下午小雨有雷聲

晨聞羅斯福路一段瀟湘餐廳開市，余慫惥老劉、焦立雲往早點，目的在參觀余所寫招牌。余往立法院簽到後即往觀，余所書之牌尚未懸掛，點心須十時開市，乃歸。立法院今日討論七月始為會計年度及新聞局兩案，余無可無不可。預算委員會召集人願余發一言，謂有利於通過，余謂時間不許耳。九時五十分入中

央黨部，張其昀見余往，笑而握余手。改造委員會開會，張其昀先報告改進中央黨部組織問題，總裁無意見。次蕭自誠報告七月三十一日總裁在評議委員席上說中央日報社論內容平淡，蕭為第四組主任，擬具社論及版面改進辦法，並擬以胡秋原為專任主筆，黃雪村為特約主筆，蕭報告甚長。總裁曰中央日報自南京來，遷出機件甚多，黨員頗有責任感，而業務與精神則與大陸中央黨部作風殆無不同。黨的宣傳機關不能當作私人所有來作，陶希聖與我無多大關係，並不了解我的思想，希聖包而不辦，且於行政甚差，總主筆應即換人。又中央日報兩年以來實為最腐敗者，用人祇用與社長有關者、政治學校畢業者，其餘不用，且不許人來過問，一個月內應澈底改造。詞畢，董顯光舉鈕約時報制度有所說明，蕭說政治學校有新聞系，各報社皆有政治學校畢業生。沈昌煥說各黨報皆應研究，香港時報尤應注意。羅家倫說全部人員終日到公，余說財產照冊無訛，用紙覈實，營業能賺錢，為工作同志總努力之結果。會散，張其昀又講衝動之話一大段，又宣布明年黨預算擬三千萬新台弊。余同羅家倫至瀟湘飯，扁已懸起，尚無窘弱狀，余與志希胡亂吃飯，飯後各散，余歸臥。項蓉、瞿梅蔭來，同到漢彌登託林在明講藥後，即到台大醫院探吳先生病。今日醒時，張道藩及余在床心握手，語伊多吃東西、多喝水，可以少打針，師首肯。出，到白熊吃冰淇淋，植物園散步，濃蔭暗涼，輕風汗面，梅素未到過，覺滿意。六時余入雷家，同徐道鄰、程滄波同飯，飲乾琴，有拌涼粉皮、獅子頭、千絲，甚美。飯後唱拾畫、驚夢等曲乃回。滄波云康家有金一千條而為胡子昂、何北衡所誤，康靖新之女適共黨，康家認為得奧援，不知共黨不問也。又徐道鄰說潘宜之係自殺，自殺在床而其魂在路上行走，其僕見之。

　　志希說蔡先生曾勸勿擊桂系開內戰之端，任用楊杏佛以為科學與新智識為國人所缺，及杏佛被刺，先生內傷於懷。又在中日未決定戰爭時，蔡先生反對黃郛，此皆為不悅之種種。余意一般人反對兼容並包，謂北大不如是則共黨不如是，又蔡師母不讓師到重慶一次，評者亦已為不足。

　　孫再壬語我中央黨部有姓譚者，官錢私放，侵蝕高利之半，姚志崇謂其人擬娶沈吟之妻。余今日問諶忠幹，知第六組有湖南人譚明誠，問唐乃建知其管錢，余請唐主任注意及之。

8月8日　雨，至台中後晴

　　晨丁鎔青來送余台北站，在食堂麥糊，洪聲自新竹來，為付賬。九時上車，雷孝實、劉志平在同一乙號車廂中，項蓉同坐。過新竹雨，朱世楷來接項蓉。十一時同李翊民、錢元龍同飲啤酒食飯。下午一時到台中，孫鐵人、李治中、羅本初來接，同上沁園春飯，飯後入賓館，住樓上，樓上美軍什物新遷除，一切弄破，新近交涉索回在布置中，管理員張元房（福建人，來台十八年）殊勤苦強硬。余等休於客廳，同鐵人討論居集編法，今所編年譜初稿編至六十歲。四時沈處長裕民來，攜來抄件，議體例、點句、書式，一時許方畢。余出往沈階升處，語以昨日中央日報遭議論種種，高□□語我余梓唐聽信妻言與伊不合種種。歸，同翊民至奉祀官府飯，有魚脯、黃豆牙湯、麵筋粉皮、紅燒雞及茄子塞肉四菜，飲啤酒。食房如火箱，食已休於門前，八時車來，同至公園散步，於茶座遇陳君樸及立法院同事而為三角洲游擊之□□□及教員某君。

8月9日　晴

　　起身後沈階升、高□□來，同往沁園春早點划水麵，侍者以剩魚款我。歸寓，熊先生□□以車來候，同孔達生至北溝，白蘭花二次開放，清香滿村，可名為白蘭花村。入庫，正典查文淵閣四庫全書，宣紙寫本，經史子集以色分面，每數本一函，入樟木小箱，每一大箱裝小箱滿，蓋洋鐵板，樟腦極多。十一時工休，余同董作賓、孔達生入莊慕陵室，吃高粱酒一瓶，見日本大正四年金屬版印刷、株式會社法書會主幹七條愷所印唐房玄齡碑，亦稱房梁公碑，臨川李在鈺跋云「三百餘字盡精健，轉折毫芒，曲盡其妙」，薛稷所書。慕陵云臨川李氏世傳四寶，實則併此當稱五寶。十二時酒酣，院中送菜來飯，慕陵夫人今年加肥，其子亦活潑。飯後浴，浴後午睡，睡後閱文化史，二李及羅君來，余送翊民入草屯，堅請其往游日月潭，請羅君陪往。余等回新莊文昌宮畔，入黨史新購之洪姓房，正五間，左右各四，前後有隙地，田未購下。潮州同志李振寬及范廷傑二君在守藏，余等休於中堂，食新鮮龍眼。出，行田塍至文昌宮殿，有額曰蓬瀛書院，鍾孝仙先生住此，今日外出未遇，有門聯書「煮史烹經」，書法極活。出，過烏溪橋至霧峰煙廠訪張書田，副廠長徐世良（字子忠，浙江人）邀往小組會議演講，余說約十分鐘。辭出，張君邀參加飯會，辭之。歸賓館略休，至八德街憲兵第四團部訪副團長夏效禹，其妻狄氏未自台南遷來。出，至自由路（六一九號）中華日報台中分社，主任林文澄住樓上，其妹林惠玲台大外國系新卒業，派在第二女中為教員。文澄之未婚妻戴祝忿，台大教授戴□□之女。本日林請董飯，董拉孔、狄，而孔、董已在北溝飯畢，林在宿舍中實未備菜，議論山東館、台灣館一回，余擬辭謝，諸人苦留，終叫菜數碟同食而罷。回寓，孫鏡亞來譚，講居

先生行狀做法，云九月可脫稿。孫先生約明日飯，辭之。夜睡，
天悶熱。

8 月 10 日　晴

　　晨徐忍茹來，同往沁園春早點，同往訪王秉鈞，未回。訪李
永新，商助劉廉克以監會節餘金。至羅貢華家，其夫人松江人，
昔在恩施同飲酒者，似未曾見過。出，尋劉志平不得，至劉贊周
家，丁八小姐正為余治菜，飯時秦傑、黃通、趙自齊、□…□、
監察委員孫玉琳同桌。劉贊周蒔花高低位置及顏色配合皆有裁
酌，正學畫山水，夫人治烤蛋、排骨均美，子女能助操作信，算
有辦法，伊說畫三來時決生意興隆。飯前西瓜不佳，棄而未食。
余至李適生在模範東路，劉志平、秦傑、孫玉琳、□□□同打麻
將十六圈，至十二時而休浴。一時李治中、羅本初來候，羅君同
李翊民自日月潭返，昨晚、今晨游得尚暢。至車站，平等巷夜三
等車余得一座，對面為一女工，體強貌寢，且有小膿腫處，余知
其夜行必出於不得已，予以招呼。至樹林而天明，東天黑雲青雲
開朗若海岸，而澄紅色自海底浮氣，正美麗之至。

8 月 11 日　晴

　　晨金秉全來，教余函請董肖蘇為伊證明資歷。吳瑞生來，語
余十七日將往紗廠學習，索衣箱一只。黃曰昉來，陪余閒話久
之。余未往中央紀念周聽任覺吾報告，亦未往陽明山參加紀念
周。飯時食硬飯，飯後即到侯佩尹處午睡。三時中央日報社長
馬星野交與蕭自誠，余往監交，隨往中央改造委員會列席，成詩
兩首：

業務車輪轉，君今四組來，

誰令馬謖失，立教董承哀；

交接隨時菜，宣傳惹禍胎，

任期三個月，全會屆時開。

（示沈昌煥）

簡拔爭聲起，書生堂堂（去聲）張，

滿分由考績，訓練不尋常；

四組是神座，頻年多幼殤，

誰真為副委，落井要遭殃。

　　二詩同座傳觀，送周洪濤存念。六時至鄭家飯，有燉豆腐及韭芽肉皮絲。飯後至凌同甫家晤同甫夫婦，即到中華書局，邱梁已見余瀟湘餐廳書額。姚志崇攜瓜子歸，瞿沈梅嗑仁與余食之，劉克寰抽出空紙箱，余攜贈吳瑞生。歸寓浴，黃、陶、□三人在秦啟文房，余倦極思睡，上床合眼，四體安舒。

8月12日　晴

　　晨有沙溪周開森之弟開霖（字潤之），三十六年隨接收人員來台在新竹縣府，今為桃園縣政府祕書室科員，被調為國民學校教員，中心不願，余勸慰之。祝毓來囑批牘。徐銘能治外科，沈梅影來同往徐寓，伊下午方治門診，余等過瀟湘餐廳，至梅龍鎮吃包子。余出席立法委員黨部談話會，同杜毅伯淡心，同陳志賡恕園茶，陳飲紅茶，余綠茶，味皆美。志賡講余紹宋係宦家子，食必精饌。阮毅成請飯，煮雞不美，余曰毅成貴雞今日冤枉死了。雲和無美酒，有人請余飯先一日往別處沽酒入席，余云不

佳，志賡拉余袖使不言，余曰酒惡不如不設。杭州四行宴，浙江省參議員餘人均已接請柬，獨余先生無之，臨期諸人將往，余電話詢問是否漏柬，主人曰非也，今日所備係普通菜，先宴一班參議員，先生所食已往溫州辦菜，改日再請，余云今日非吃不可，乃一笑同往。余工書，善畫竹，山水梅石亦偶作。新年春酒諸人輪作十日飲，每日宣紙在桌求余畫畫，余曰王順興遇乞丐，有做了吃、吃了做兩種，余曰先吃後做或做了再吃，其風趣如此。志賡又云紹宋又為繪風木，成西山追慕第二圖，余所題四首陳屺懷，余紹宋皆贊美。志賡無女，祇一子亞鐸在浙江省銀行重慶分行為練習生，勝利後調南京浙江省銀行為助員，參加南京市集團結婚，孫承耀生十日，志賡與別。其一生為黨辛苦，不慕榮利，謹慎小心，喜助人，有嵊縣地保之目，均可佩也。與余為國防最高委員會同事，張岳軍時對之發脾氣，當時所傳陳成桌上投彈者，謂祕書長向之發氣也。自烈日中走回寓中，今日午後歡迎圍棋大國手吳清源，劉定九在秦啟文房設特座兩桌四座。吳來時閉門奕棋，另於外廳設大棋盤於講台處，來賓列坐內室，以電話通知外廳，由二人以黑白大子嵌於棋盤，子各有柄，插入大棋盤線上洞中。此間平時之周傳諤，近曾勝吳君帶來之日本初段棋手本田幸子也。三時半吳君來，同周傳諤奕，白崇禧、夏光禹等來觀。余出，至中央黨部第一會議室，為第四組主任蕭自誠交與沈昌煥，余為監交。余先在第四組問謝持，方云經費無問題，至交接時蕭云有打字機一架放在林家花園，開箱被竊，未列入移交冊中。交接有爭論，應於有關係者在場論定，今於來賓花籃照相間不好暴露短絀，余覺未安也。來賓中有朱虛白、張明。余歸，見大棋盤前來賓坐滿。余至鄭味經家飯，飯菜過多。出尋黃曰昉不得，步歸，知周傳諤經吳讓三子仍輸三子，草地正開宴三桌，周

至柔、程天放陪吳。宴畢，吳在草坪再奕，聞所用子極佳，余未
見到。余浴後早睡。邵祖恭來囑寫書簽，馬國琳囑注意齊衛蓮處
分。奚志全偕俞士英來說沈昌煥允任士英組員，同在草坪乘涼。
聽人云周傳諤小老虎殺法利益以攻擊勝，而吳收場計算正確，一
子不讓，終得勝利。又吳清源評云鐵路招待所棋團最高者達專家
之一段半，等於業務之五段□□□。余贈李志伊夫人以肺病針
藥，家瓊八月十日來謝，未晤，留字云承關懷舍間，無微不至，
令我們感罪萬端，永世難忘。

8月13日　晴

　　晨閱港報，論本黨宣傳尚嫌隔膜。奚志全來，瘦骨支撐，頗
為可憐，同伊坐三輪至瀟湘餐廳食粉條，到南昌路購書或法帖，
無當意者。奚辭，余去辦公，余在南國購包子送戴丹山、徐向
行，其子女皆害沙眼。將午乃歸，在寓食飯一碗半之後，再到台
北賓館應僑務委員長鄭彥棻歡宴吳清源夫婦，並送董顯光任駐日
大使。吳妻旗袍，彥棻夫人及汪公紀夫人作陪，食自助餐，余同
林頂立及蔡□□食布丁、西瓜後回。薛佩琦、王豐穀、印維廉、
黎子通皆來候余，子通為余搥胸，余得熟睡。醒起已三時一刻，
即赴中改會檢討四、五兩組工作。昨四組交接，蕭支付過度之賬
有未查預算者，為數不足十萬元，張其昀囑昌煥先接收了再為分
月彌補。今日余問胡希汾同志知其內情，余囑林潤澤囑補清單。
希汾報告余三人小組之調查報告已送張祕書長，大概周亞陶被指
各節證據不足，而管理員舞弊兩事已查實，管理員應撤，而林潤
澤應職務而令上海開估價單不可認為介紹，管理員對於紀律委員
會之行使職權有不了解之處。余謂中央已決定辭周亞陶，不必收
回成命，惟祕書長應對周亞陶說明其被誣各節而加以安慰，陳天

鷗係本黨老同志，余不願追及云云。六時至王家飯，飯後同陳敏、張藕兮、朱虛白打牌八圈。王老伯母昨見余照片在報上，謂極清楚易認，又謂你家眷在大陸，有破綻衣服須縫者余願代勞，又出錫罐請余吃蛋捲，高年慈意，余為泫然。朱虛白云上星期六（八月八日）徐炎之生日蝴蝶會有菜五十餘盤，顧傳玠來演各種身段，鬧至十二時方散。余昨得吳開先書，俞振飛有來台作久居之意，演戲聞票價有限制，教曲能否貼補生活，今日與浦逖生、朱虛白言之，兩者皆有難處。十一時返浴，得梁慧義書，九日開庭宣告潘雨時全部無罪，蒙你救助，本應走謝，颱風吹屋頂正忙於修理，生活潦倒，無心執筆。又接某君書，求余為伊分期還醫藥所欠，嗣後決克儉用度，不負先生愛護之德意。余克己助人，如有成效或善果可得最為合意，即使虛言搪塞亦宜聽之。阮思曠在剡有好車而人不敢借，遂焚其車，殷浩曰「財本是糞土」，況在此時耶。

8月14日　晴　空軍節第十三周年

是日筧橋飛機擊落日本木更津飛機，為我南方遭襲及空軍勝利之始。余初見木更津畫有旭日標幟者，在南京祠堂巷三弟診室前，是日下午余同桐表弟及張路展敵機來時躲避方桌及沙發下，可足一笑也。晨至淡江英語專科晤李保謙，為劉保恕求入學。至鄧鴻業家，余攜一心蛋糕往，鄧妻正攜幼女就醫，余將俞良濟美鈔十元交與同住某女士，其人攜一孩作伴。出，至陸京士家陪其夫人早粥，皆素碟，有自製醬菜及炒醬佳。歸寓飯，飯後臥。徐銘來告昌年住房為律師余祥琴詐占事，官產處不肯爽利解決。余請徐醫師往觀陳嘉猷夫人乳塊，云位置不明，或是乳腺腫，打盤尼西林可治，不必貿貿然開刀。出，同瞿沈掬水軒冷飲，瞿赴

聯合診所，就診時間尚有所待，余與就衡陽街風涼所在略坐，伊聞無病亦開愁，伊近日正為余縫另一件布大褂也。伊今年四十八歲，青浦沈姓女，瞿係天馬山母姓，六歲喪父，九歲喪母，外婆陸育之以長，在重慶曾住美專校街，其夫陳嘉猷在訓鍊委員會工作，余不之識。四時余參加任用委員會，決定二十期受訓名單。五時余至雷家，閱漢魏六朝文，讀庾子山哀江南賦。六時飯，有獅子頭肥圓。谷正綱長女謂有五弟，任長姊殊苦，余舉余姊為弟犧牲事實告之谷女。與雷女、賴女、楊女打牌，余各給十元為資本，余幼時與諸弟學麻將，先母亦曾各給一千文。歸寓，坐樓廊及草坪，與黃壽峻談高雄市況。壽峻江西清江人，樟樹鎮屬清江，清江縣城在其對岸。八時半至空總新生廳觀劇，李中襄夫婦、陳良、羅志希、齊如山、傅孟真夫人皆在。有徐露年十三，其母亦票友，唱春秋配，身段正確，高低音均可，在安天會中飾仙女，居然開打，余等皆捧之。孫元彬安天會任猴王，孫元坡為托塔天王，唱做皆不及韓世昌班之郝振基、陶顯廷，其中有喪門弔客，不嫌不吉耶。一時返寓，浴後即睡。

8月15日　晨雨，下午陰晴雨相間

天明雨甚，余貪睡，祝兼生來始起，略批牘。錢石年丈來，同往梅龍鎮早點，伊贊美。點畢送伊至黃曰昉家，馨斯方出購菜。余歸，林玉存來，伊出差至高雄縣市及澎湖，云澎湖李縣長玉林之賢能，種種建設均上軌。澎湖第一賓館位置設備皆佳，總統曾駐蹕，自館望漁翁島，今名西嶼鄉，白日風帆、晚間漁火，極為美觀。李士英幾落海，賴兩兵士救起。在高雄縣講習會三百人，有二百人食便當上吐下瀉，玉存因伍士焜請客得免。在寓飯，彭廚自為炒雞丁，味便不同，惟蒸飯米硬，難以下咽。飯後

臥，臥起在門口遇侯佩尹，伊正約崔載揚往探稚師病。余至友信，見狄平子補鮮于樞書李願歸盤谷序大冊，索價一百元。余至萬象，於碑帖無當意者，有印色一盒，索二百元。萬象主人沈姓，一至三時午休，余至貨運服務所與夏曦、高振華閒譚，至三時方得入萬象，殊無聊也。出，至吳師處，鈕惕生先生正告約病愈得以赴美消息，師意欲出院。五條通房熱，人眾多，小兒至少有六個，又多炒鬧，不可理喻者不少。余下樓梯，俞勗成語我內情，俞君不言余亦知之。出，天下颱風雨，余坐車至真美善問褲料，無所得。天又下大雨，休於福建館，食千層糕、包子各一，至吳成衣處略坐。至中華書局，約孫伯顏至朱鍾祺家陪邊定遠飯，王、張、夏君之外識羅店潘臣瑾，為同濟建築材料行，專運裝衛生設備。飯畢舒、張回，舒、張飯畢停電，停電畢乃回。於中華書局小坐，報載總統召見馬星野，不知作何語也，姚志崇佩余敢言。

今午之出，本擬有所得，或書或帖，乃一無所得。在黃振玉室得銅版四書五經之殘本，適為春秋三傳。入中華書局，得何聯奎撰民族文化研究。在王豐穀室得曹學佺著蜀中名勝記上下冊及台灣名勝指南，有角版山者，歸寓甚喜。又余約孫伯顏，意在陪邊定遠打麻將，乃邊君不打乃止，天下事有難必者隨處皆是。

8 月 16 日　晴

晨起有江陰余幹成率女余蓮來謁，前數日幹成偕妻巫淡如自四十四兵工廠宿舍晚間來謁，意在請余為向行政專校說起錄取余蓮，今日、昨晚率余蓮來，楚楚可人，余聞其有弟妹，舉穎姊德行告之。陳志賡來囑寫字，祝毓來囑批牘。張壽賢來，同往金門街訪汪公紀夫人任永溫，言日本人注意科學，法帖名畫在舊書

店積存甚多，於伊書房見日人所印中國名人對聯及屏條，有極佳者。汪夫人贈余為考試院所譯之日本國家公務員法，公紀在日本未歸。出，至同巷訪程滄波，遇陶百川。出，上淡水河岸，過川湍橋至中和鄉，於車站遇任覺五外，黃仲翔、王元輝、劉幼甫、朱皆不在家。余同壽賢在黃夫人寓略坐，辭出時見王元輝夫人及湯如炎，即趕歸。余回寓飯，楊南村已失虎尾糖廠臨時工人職務，余為作書致錢元龍請為設法，余約伊明晚在糖業禮堂參加常熟同鄉會影戲，伊辭焉。二時王雅來，三時半朱佩蘭來，四時余至佩尹處，佩尹煮麥片款余，火侯足，極美。五時至園藝試驗所，除劍潭山樹蔭略陰涼外，新蘭亭、新教堂及辦公室均在西晒中，及入劉寓，坐門前樹下，雞塒臭味外騰內溢，生產與空氣清潔不能兩全也。余等飲檸檬茶，食青皮香蕉後，即攜蛋籃至李向采家飯，有木柵趙太太在座，廚人燉湯頗鮮。飯後同向采行新生北路，在惠通橋望西天晚雲深絳，既又擬同秀武上橋，秀武日間工作已累極，畏路上塵土，求免。余回至中華書局，陳、凌均在，同至凌家打十二圈，打至末二圈，同甫夫婦爭牌賭氣，同甫內房偃臥，其夫人外房枯坐，賴陳夫人完成此局。局散，諸人在街頭雇三輪車歸，同甫本約駕車送客，脾氣發作一切不管矣。

　　朱文德來訪，未晤。入晚呂松盛、周春星來，未晤。立法院張院長來信，呼籲同仁第十會期踴躍出席院會。

下鄉四首
真率惟能引我車，填城詐偽雜紛華，
籬邊磯上人兒俊，略有幾分似野花。

二稻油油足解愁，山容笑向宅邊浮，
久懸枝上心清苦，橘柚垂垂不自由。

始信當前物力艱，墜淵生計自崇山，
盈盈十五顏應好，不轉朱顏半病屏。

午雲純白稱安舒，山色輕青秋已初，
乘興今朝無所遇，川湍橋上擠回車。

8月17日　晴　星期

　　晨寫定下鄉詩，瞿沈以九時後來，同伊倚欄清談，伊頗愛軒窗清雅。十二時在寓飯，飯後臥起，往中山堂交誼廳崑曲同期聽認子、辭朝、刺虎、驚夢等戲。余等擬在怨園茶，茶座已滿，乃入食堂飲黑啤酒四瓶，汪經昌、雷寶華亦來同坐。散會，常熟同鄉在糖業公司集會，曾虛白、陳新萌請觀影戲，余遇楊佛士，余未入。七時在俞良濟家飯，打牌十六圈。出已三時，宿武昌街三十三號三樓項馨吾寓。馨吾與兄元春民六始唱曲，其時半淞園正唱曲，馨吾聞而好之，試曲合五旦後乃識俞振飛、穆藕初，項君學藕初先生，以浦東音作折陽說白，殊可笑也。徐張善薌酒醉，以拳槌余背肘，殊痛，代余抹牌，兩手不能將牌砌成行列。所應為青酒，其不能不飲，為表示對某有關人員歡，此亦公務員之悲哀也。

8月18日　晴

　　晨丁溶青來，同往松鶴樓食露鴨麵，切醬鴨為澆頭湯，尚鮮美。至孟益處取錢交胡小姐，至項馨吾處借小說。在郵政局前遇

倪克定，與錫弟上海商務檢驗局同事，今為三重埔華南紡織公司經理，廠址在中央南路三五號，言有青年洪勤誠出資一百餘萬，再合股，共為四百萬，有紗錠五千，棉自美來，紗由美援會銷售，廠代勞取佣。言七月間得上海書，葉元鼎、孫玉霖皆往北平，吳味經被拘，前公證行經理戴以堅回鄉病故，其妻在滬守寡。余四弟與陳紀藻、程養和營棉花聯營檢驗處，因是技術人員，尚無受拘可能，惟生活亦甚艱苦耳。在寓飯，飯後臥，三時中改會通過處分黨員案黨部處分條例交余等審查。六時散會，張曉峯語我管理員已今日辭，紀律委員會後次如有發現，望早通知。余以張終日辛苦，處理此事已竭心力，不願多言。回鄭家飯，油豆腐湯極清，再至凌家為凌太太暖壽吃飯，有湯菜鮮美，飯後打麻將八圈乃回。今午孫太太自鶯歌出，同瞿沈來訪余，凌太太禮送衣料兩段，余亦加入，比單獨送禮為佳也。

　　賀鳳蓀、邵佐新前、昨均來訪余，未晤。朱育參來送結婚，戴恩沚來送訂婚照片。馬星野前日來謝，留片敬致謝忱。

8月19日　晴

　　晨送八月份配給物者來，七月份未送來。余至殯儀館弔戴克昌妻驟死，棺已往墳，余面慰克昌。歸，送米與鄭家，至立法院黨部參加譚話會，小坐，電話問許靜芝，張星舫來請今晚赴楊綿仲家為胡立吳祝嘏，立吳生日是今朝否，答云不是，立吳亦云不是，乃歸。宋書同來，云已停職，但受賄無佐證，恐林彬以意為之，余勸慰之。飯後臥，三時赴中華書局，四時坐中型吉卜車至北投幽雅路上農林公司招待所為凌夫人祝生，茶後吃蛋糕，分別入浴。浴後休於草坪，秋風吹坪上，前山有雙峰仰合，近處樹木頗盛，其二義女，一為子星女何□□，一為莊□□，頗為有趣。

八時邱梁來，始吃各人自助餐，余於草坪及室內共飲白蘭地六小盃。九時歸，歸途遇雨，孫伯顏夫婦留宿。余於薄暮曾於幽雅路十六號台紙公司宿舍訪李君佩先生，李不承檢討案中紀律會開會困難，並問及吳先生病況。十時余自中華書局歸，俞士英、奚志全對坐樓廊，移樓下不涼，移坐前庭門遮下，志全唱紅娘及梅龍鎮，嗓乾覺不佳乃止，俞士英已入發言人辦公室，為第三組組員。十一時乃辭去，余上樓就枕，聽季炳辰唱彈詞、寶玉哭靈。

8 月 20 日　晴，下午雨

晨祝毓來商案，關於決算，余囑毓請教文守仁。奚志全以九時後來，出奶油麵包與余同食，同伊出至怒園茶。十一時返，於中華路書攤得亞東書局所印今古奇觀，差字尚少且有考訂處，余幾閱完一冊。此書為余十歲前所閱，其時季花小叔竹籃中有石印本，余偷閱，覺比父大人教閱之曾文正公奏議為好玩。下午三時得雷孝實電話，請余夜飯。五時劉秋芳來，意在索余全會代表票，余云舉林棟，伊日本人佔北平時曾被拘，受刑訊，不知確否。余至雷家為馮簡夫人閔湘字秋心者題畫，孝實亦為題若干幅。伊為黃君璧學生，君璧有學生三班，月入脩金幾三千元，蔣夫人另計。飯時有獅子頭，殷桂珍所做，尚合格。飯後至鄭家探鄭明，近日健飯，體亦發肥，林在明遲歸，明訶責之。九時自雨中張蓋返寓，得李謨棟花蓮書，允其女曼羅適戴恩沚，請劉雅農作伐，教余為之主持。得史祖鰲信，曾往基隆碼頭試為勞工，每日裝卸食米、肥料、麵粉，須肩負二百斤，試三日四肢酸痛乃歸，求余另為設法。日間王化南先生來，託為其子王光中設法進入淡江專門學校。

8月21日　晨晴下午雨，作颱風狀

晨黃仲翔兄來，同到梅龍鎮酵肉麵，仲翔贊美。仲翔合股之蓉村現歸渝園經理，需營業額日五千圓方有贏利，近日天雨祇做三千元，故爾虧本，伊等希望過年後全部頂出，可收回股本之半，余意甚難有望。同仲翔至中改第五組訪張壽賢，余到第六組訪金祕書遠詢，係三人小組之一人。上樓參加中改會，總裁主席，先報告陳誠自八月二十日起續准請假二月赴烏來休息，十月十日全國代表大會教他出席，此次誠辭行政院長，未允。次研究周恩來赴俄，沈昌煥、胡健中均有報告，推測：（一）旅、大依1950毛史協定方式上交還中共，內容及事實將另是一事；（二）將擴大對韓和平攻勢；（三）蘇俄新五年計畫中，中國之經濟工業及軍事將悉被包括在內；（四）如何配合世界局勢應付大戰。總裁又說中共代表於此時必須赴蘇之原因：（一）聯合國北韓轟炸；（二）八月二十四日第七艦隊在台灣海峽之示威；（三）日本態度之親美、親我狀況。次討論「民生哲學之再認識，說明三民主義之思想基礎」，羅家倫主甲稿限於政治哲學，崔載揚主乙稿就純哲學問題如方法論、認識論、本體論、辯證法、形而上學的哲學問題均為說明，以闢開邪說祛青年之惑。總裁主張通俗些，可先請專家及代表討論，再於全國代表大會論定之。十二時半散會，余歸寓後，再往公園廣播議室，中央日報設席三桌餞別董顯光使日，胡健中未到，沈昌煥講日本大使珍珠港前說差笑話及李鴻章、唐紹儀時笑話。菜為狀元樓八碗席，以鴿子為佳，余同陳天鷗飲黃酒六盃。回寓臥，臥起至凌家與凌、孫、陳三太打十二圈，姚志崇來收場，謂辦理善後救濟，所贏未取。九時雨中雇車返。

今日馬星野語我前次訪我未遇，回家擬作一書，寫時太傷於

懷，淚下而止，今日語時兩眶眼淚止於睫毛間。中央日報之換人確有可悲，余監交時亦慘然，總裁所不知也。

8月22日　雨

晨食粥後，祝毓、林鼎銘、林玉存、胡光炳、林潤澤來，為管理員潘已知將離職，又修車甚多，總值一萬餘元，會計室認有虛冒，請余函請張祕書長澈查，余約請查而止，不再與拚。出，至淡江英專交王秉鈞紙請錄伊子與居浩然。又訪王秉鈞、張其昀，皆未遇。至台灣省行政專校訪周一夔，交余蓮條，周君語我先算總分，再顧到第二志願及出題、閱卷、防弊種種方法，比余為招生委員時為嚴密。十一時至陳謨家，十二時飯，有乳腐肉、干貝豆腐等菜，志重亦來飯，飯後小臥，打牌十六圈。中有陣雨，雨後東天雙虹，平衡弧拱非常美觀。九時將畢，俞康夫人來約明日再玩。

飯前余曾訪姚琮（味辛），伊正課子女左傳，讀書之聲琅琅，每課一事令作一書，後伊亦範作。余讀伊詩，有送伍叔儻赴日本詩三首，叔儻尚未成行。得項蓉書，新竹每到傍晚傾盆大雨，晚間甚感涼爽，有人自日月潭歸，謂雨量已高過堤岸，自前日起每晚停電之舉可以毋須矣，本星期起人家可不必燃燭。

8月23日　晨晴，下午三時後又雨

晨赴中改甚早，祝祕書誤以總合視導報告謂在今日。余在總裁室晤張曉峯，謂昨之舉發並非多事，實會計上嘖有煩言清理之法，各種單據來索者查明核實始發款，可減少弊病。又陳諶忠幹現打黑圖章非計之得，總務宜由他主辦，其上其下加宜調整。曉峯又問饒子桓如何，余答饒舊時為各省市邊疆領款，有坐分情

事，被人摘指，現不聞有他。十時紀律委員會，通過四十年決算及處分例案，約下月中開會兩次以為結束。會畢赴長春路晏宅飯，飯後同俞康、顧、夏夫人打牌至九時。梅蔭午做蛋撻，晚做蝦米王瓜及肉屑茄子炒素均美。俞、顧之夫皆曾入局，余無輸贏。車過建國北路，曾入王家見伯母健，適王為俊夫婦病臥在床，錢探斗夫人無女傭，夫人微胖，桑圭顏色未轉，逖先出差，須下月十日乃歸。十嚴丈擬出售象牙章。晚間歸寓，知羅時實、周月娟來訪，凌同甫亦來訪，約明日下午派車來候。

自前日起左上車第四牙可落，牙根與齦相聯，余以舌舐動兩日，入晚在枕上，此牙落下。

8月24日　晴

晨丁鎔青來，余候周月娟不至，同丁出至銀翼早點，遇張伯雍、□□□及徐復人全眷。徐夫婦未到時，店中有二人擡鰻鯉籃打翻在地，一人踏鰻鯉跌一交，鰻鯉悉擄起，水門汀成滑地，丁去付帳又滑失跌兩交，真好笑也。出，在銅象臺與丁別，余走徐州路入法學院禮堂，今日為陳果夫周年祭，忌日在廿五日，今日禮拜先公祭，時間定為八時至十時，人頭整齊，時間經濟，頗為可法。余詢藹士先生近況，其子云病向愈而體力恢復不易。出，坐丁似庵車至寧園，出日記上詩請丁讀之，伊曰詩人之詩也，十時四十分始去。溧陽本家狄璉來，伊為二十世，云狄氏之先住戴埠靠近之□□，戴埠出產豐富，易於生活，溧陽有「蝕了本上戴埠」之諺。在寓飯，飯後臥，臥起待久，陳、姚以車來，至凌家打牌至夜十時，余悉償所欠，今後擬每月一次在凌家打牌。夜飯時孫再壬、吳亮言、邱紹先皆同席，食淡菜燒肉，有子青蝦及火腿湯。回時天氣悶熱，浴後思乘涼，無人做伴始已。至半夜天忽

涼，蓋被擇蓆，近日台北天氣常如此。夏煥新來，託為其外甥蔡秋源。張九香來，託為其子張乃潤入淡江英專請託余，皆未晤。

　　任商標局科長與桐生表弟同事、能繪畫之邱鶴年，大陸陷後曾到過香港，今年春在上海病卒，其妻在南京，其女微塵最會叫狄伯伯，在香港。

8 月 25 日　晴

　　晨未到各處紀念周，十時往鄭家說不往飯。訪周賢頌未得，即到中本張百成室，值呂著青在開標，余寫下鄉詩兩紙給張、呂。回寓飯，飯後至佩尹室午睡，睡起在士林飲冰啤酒乃歸。五時許孫秀武率方肇岳來，肇岳已入中信局為中西文打字，其夫王培禮辭中信局臨時職員而入陸軍大學為祕書，余謂培禮宜注意保密。七時余至倪克定家飲，遇張漢衡、王志鵠宜蘭農校校長，伊云是王丹揆先生之姪，食老正興菜一桌，天熱人擠。八時至中央黨部探楊佛士，舌本堅強，心欲將話說清楚，極為費力，明日擬送伊入台大醫院。出，余至台大醫院探吳稚暉師，方起床抹身。今日食物不少，余坐床前，伊欲語不出聲，十時歸寓。

8 月 26 日　晴

　　晨祝毓來商案，余入中改參加全臺視導檢討，至十二時已聽王星舟、芮晉、李士英報告，聞得埔里服務站辦得好，北港張德懋孤軍奮鬥。余與許君武（昌威）寫下鄉詩，伊云在誠齋、石湖之間而風格尤勝，又云第一句車麻韻，末一句車魚韻，此意不能讓白話詩家知道，因愈說他愈不服氣，也愈不明白。伊和余下鄉詩四首自署筠廬。今日報上又載姚琮五言詩囚嘆，云狄膺見訪，伊曾入五卅獄，五卅係五四之誤，五言詩乃姚君以意為之，毫不

切余所講。余前日訪姚味辛，將出晤被繫得釋之陳元白，乃舉五四投北京地方法院看守所（即前刑部獄）遇老犯人勸慰，謂在此知為監獄，離此豈能說不是大監獄。姚君詩祇一句道此，即許君武和余之作也，不過押韻無誤，句面穩妥，於余寫流亡痛苦之情沒有和到，足見詩人我手寫我口之不易也。飯時菜嫌鹹腥，乃至晏陳家飯，飯後同顧、俞、陳、晏打小牌，余贏百元，未受。夜飯後曾同陳、瞿觀藍天新月，新月下淡紅雲一片，紅雲下小黑雲一塊，今日為陰曆七夕，新月在天上當代表慎微，余幾成雲下之泥。十時車歸，見天河如粉筆，枯襯繁星明亮，微風不動，直教我忍淚欲癡。返寓，狄慧齡攜謝如岡來宿，同往麗興麵，麵畢余往宿中華書局，已十二時，姚志崇叫人燒水命浴，余宿陳嘉猷床。

8月27日　晴

　　晨同慧齡攜謝如岡梅龍鎮早點，同慧齡入憲英家暫住，如岡吵鬧，慧齡女眷，住寧園不便也。回寓飯，飯後王雅來，贈以衣料，伊四時乘汽油車往新竹。朱鍾祺來託為汽油商楊姓子介紹入強恕，余於今晨曾偕慧齡入強恕，強恕新增一間課堂動工，而因違章建築而中止。五時出理髮，至黃家問余請母女整治之破條子紡褲，乃仍將汙穢者包起，未經洗滌。此母女二人困於生活，不關心人家所托至於如此。夜紀律委員會同人請李先庚在梅龍鎮，三百元一席，要求九折，毫無可吃，酒係高粱小瓶，亦比大瓶者壞，論生活真不是路也。八時總章修改會，余主評議委員不選舉常務委員是需要，余之言曰黨須有領袖，亦需有當家之人，本黨歷任當家之人可與總理、總裁德行相配。十時會散得歸。余在理髮之前宋書同來訪，談溧陽擅山珍湖產之利，云山羊獵得味美，燒菌時俗加燈草。錫之房係宜興正報溧陽分銷處，姓方者以游擊

隊清除障蔽為題，於第二次日本人將來之前夜焚燒淨盡。

8月28日　晴

晨改造會，十時至十二時討論幹部互調、主管任期、七全大會議事規則等案。飯後余至憲英家，率慧齡、如岡及憲英之二子一女至中山橋，先游兒童樂園，南崖聚風，北岸觀魚，兩橋間有草地，余等坐是等火車過橋，三時十二分等到乃歸，如岡見滑梯，強母回步去乘，坐地不起，余笞之乃行，入動物園而歡笑如初。園較前整潔，高處冷飲店風涼暢觀，余等坐食紅豆冰，觀小象及水產後得出。入掬水軒冷食後，送小兒歸憲英家，如岡已入睡矣。余至雷孝實飲酒，飯時有馮簡夫人及賴、楊二小姐，飯後回寓，天熱至不能蓋被，余睡得尚好。

8月29日　晴

晨家銑來，為受和入境事，有保安司令部囑覓省級主管或全國性團體加保之件被余遺失，偏尋不得，時為六月十日。家銑去後梅蔭來，送洗淨之舊長褂。十時送伊中華書局，余入中改動員月會小組討論節約浪費問題。十一時三刻返，天氣極炎熱。下午赴新蓬萊二樓蘇松太月會，到徐祖詒、杜逢一、錢召如、孫再壬、夏煥新、馮簡、凌英貞、朱敷春、夏濟安、郁元英等約七十人，廣播電臺錄音室崑山張家鈺、江陰錢國泰攜錄音用橡皮帶記音者，放吳稚暉、鈕惕生、張知本夫婦聲音。鈕惕生先生期而未至，崇明黃叔喬、王志鵠願來而另有會不克抽身，余與鈕長耀、陳芙生、□□□、陸京士各錄音一段，小弟洪君安、吳忠信、忠齡均唱歌。五時散，余至大世界觀電影，火山爆炸極好玩，瞿沈因引余而腳踝豎扭。出，至麗興吃冰木瓜，至中本飲白蘭地四

盃，有長魚干絲、雞餛飩甚美，呂著青同余為客，張百成作主
人，朱品三、趙耀東、呂子五民作陪。八時至雲和街，同鄒敦
公、王豐穀、朱敦春打牌八圈，十二時始歸。朱鍾祺為留當中裝
黑緞背心一件、毛葛馬褂一件、秋羅夾衫一件。

8月30日　晴

剛起身陸孟益來，託送一學生入強恕中學。將出門，洪西恩
來，同伊往梅龍鎮食早點，門尚未啟，乃至成都路三六九麵，魚
已壞，雞尚為燉穌者。歸寓，西恩來囑為謀妥在台北市教書，能
入鐵路小學亦所願望。余出乘五路車，在中本公司前遇立法院
同院朱如松。在川湍橋站入憲英家，給慧齡二百元使歸，並交伊
謝長茂來書，勸以今後應聽丈夫言語，慧齡淚下。出，坐車至西
門國校，改乘十二路至晏陳家飯，飯後臥十分鐘，坐客堂納涼。
二時走舒蘭街，穿第二女中後至錢、王家，值錢、王將赴朱盧白
家，遂與陳敏同往打牌，至十二時余負三十元，繼續至天明余負
一百七十元，食粥乃歸。盧白母郁與佩芳為姊妹，高年神經，常
申申或喃喃罵人，所慮為家中門戶安全、男女問題、強盜小偷等
事，盧白夫婦隨其意漫應之，真不易忍耐。王為俊自北投歸，謂
陳院長辭修已讓出北投鐵路招待所，外傳狄君武曾向人言之，余
答是也。錢中岳昨言來尋余，未晤。

8月31日　晴

晨自盧白家返，王培禮邀余木柵，余辭焉。上樓見鄰室席裕
同、邵介堃房又加一盛鑛，書桌、藤椅塞樓廊，頓覺零亂。問人
知陳清文自日本歸，已不能返原住之房，今已改設計委員會辦公
處新指定一房，慶澤彬又叫別人住了，於是秦啟文讓樓下兩間與

陳清文，啟文移盛鑌室，盛鑌上樓。最受威脅者為施文耀，文耀日常右廊下靜坐，今則不能，必感痛苦，余以暫時如此釋之。飯前邵介塏之表妹包小姐來，攜去新智識及青年雜誌，同伊飯，飯後凌慰祖攜凌銘所購日本丹青堂紫毫二枝及琵琶湖木盤花插三件來，慰祖云凌叔章徒刑八年，吳鴻初三刀始死。凌為余鬆骨，云吳瑞生攜朱大□到未婚妻家，其家起疑致解約。少頃錢十嚴攜象牙章二求出售，凌為余整理書桌。余同錢上台糖公司三樓禮堂，本日為崑曲社第七十九次同期，余及張善薌、雷孝實為值期，天氣晴熱，遲至四時始開鑼，汪經昌云漸漸雅片煙式，場中有贈花籃者，唱藏舟、賜福、探莊、亭會、琴挑等曲，小弟弟在樓梯跳躍為戲，約十人。五時雞火湯麵，定八十客，又添十客。余同汪君、俞良濟赴美而廉吃生啤酒，汪君前日在會賓樓請余吃美國啤酒，尋余不獲。俞君新得強海一打及法國威士忌，約余往飲，余今日又約陳定山擇日往動物園冷飲店，往山景飲酒，定山夫人今日應余請，唱不提防一段。八時聚餐三陽春，六菜連飲每桌百元，共三桌，郁元英攜藥酒來，項馨吾、周雞晨等飲之。飯後余至凌家觀陳嘉猷夫人打牌，伊今日游圓通寺，覺清淨，又牌風極盛，至樂。余遇見黃振玉第三女宛華及婿。十時歸，就枕酣睡達旦，胡惠淵云一夜不睡，後數夜酣眠是已。

俞良濟云某校測驗題青出於藍何解，學生云青菜出在籃裡，一曝十寒學生云一個暴富、十個窮人，一舉三反學生云此為某案未能通過，一人舉手三人反對。余於美而廉聽了，在台糖飯前照相時販賣一舉三反，同人皆笑。

9月1日　陰雨

晨七時起，為學生經人托擬入強恕中學，今日補行考試須關照陸祖培（孟益），余往中華書局，孟益留吃生煎包子，包子店即在中華廊下，如攜自製肉餡及豆沙糖、豬油塊往，當再有味。歸，阻雨中山堂前，入南華尋黎子通夫人尚早。坐一元三輪車入中山堂，郭鏡秋尋余往陽明山之車已過去，余尋車往忠烈祠參與秋祭車亦不得，乃入中山堂參加聯合紀念周。堂外秋風極涼爽，而堂內悶熱，三排後無缺隙，三排前黨官到者寥寥數人。政出多門而無重心，使人無所適從，余已言之屢屢，無人理會，此為每周第一件事而久久如此，至可憂慮，況此種現象政治上屢見之耶。禮畢，余同陳維先（宗鋻）返寧樓，伊將往角板山任國民學校校長，不悉途徑，余出七月四、五兩日日記。伊之辭考試院祕書與考銓雜誌發行人，乃與賈煜如臭味不投，賈云陳發行雜誌乃與新台公司印刷廠有勾結，陳天錫與鋻言之，鋻與新台中人均憤跳，但為天錫不願作證乃不之爭。又賈於工作日記批鋻參加黨的小組及中改特種委員會，批云關本院事否，鋻以賈為從政黨員而如此作態，持日記赴張曉峯、唐乃建及余道其事，雖鈕先生止之，不許其共進退而不能留矣。現繼續辦考銓雜誌者為方聞，前山西省政府南京辦事處長賈之侍從，從今為薦任祕書，賈如廁授祕書杖，祕書奉院長草紙，賈一切官樣云自光緒廿五年做官起，於前任說睡著了一事不做。考試院中人於鈕任不滿者今興去思，鈕因年高抓不到工作中心，用力在重點及無意作院長與考試委員，客氣致情歆干政之少數爬上髮尖，外自奉廉潔，勤於在公謀大眾福利，持黨國大體，實不可他覓。鋻云批評鈕者多，余則謂不該是基督教徒、不該讀線裝書、不該曾受軍事教育、不該為革命黨人，有此四者其思想四面碰壁，故有所為亦有所不為。黃麟

書、艾偉皆持大體，對鈕表同情，艾之言曰某事國民黨員可以如此，而余不能如此，極調侃之致。鑒又曰朱騮先之不得為去年之高等考試典試委員長，係張默君謁總統言之，張資深，考試委員有利用之者。今日賈之書面報告於前任一事不提，於戴季陶先生倡考試院之精神亦一字不提，且有云所有以前歷任立下制度規模，自然要率由舊章，不多更動，但或不免受人詬病者，可以聲傳心矣。飯時因飯桶太大，上面飯夾生，下面軟熟，余食碗半（前為老項所燒，極好）。午睡後侯佩尹來候，王平陵來商請客日期，平陵候久未來，余至立法院報到，已在三百號之外，遇冉寅谷、王孝英、朱如松等，張成一等在旁招呼。余至記者節會作來賓，提案中有提請政府以記者年資作為公務員年資，余語曾虛白云公務員有何可羨，記者身分將過渡至公務員乎，此不幾樂到群以外乎。行禮後即歸。楊任可來辭行，明日返竹東，戴志鈞、安國（地名）王逸民同來。先飲孫仁送來之海門高粱酒，佩尹等稱美，且移至長春食店吃粉蒸肉、紅燒牛肉、紅油餃，為王銘章夫人所開小店，乃開在長春路盡處，在花圃中一廊棚設竹座。今日颱風猛烈，此棚不穩，乃移在室中，風震牆欲倒。余候陳嘉猷夫人及晏小姐來嘗新，食畢，本擬到小流畔西施茶室茶，以風大站不住腳乃散。余至鄭味經家飯，與陸再雲閒譚。飯後食人心果一片，熟者甜，生者澀如柿子，不可食。

9月2日　陰雨

晨起至秦啟文房同黃叔喬說笑。祝毓來，同往中華書局領第二次息，隨請吳成衣為余改修朱鍾祺處所購衣。戴志鈞來，伊有楊森、孫震所贈之款，又自節湊成四千元存劉航琛處，已四月不得息，求得法界位置以安生活。余即同伊至中正北路王德溥律

師辦事處晤航琛，航琛二年來受控案之累，方初受控時伊語陳辭修曰自己亦不知有罪無罪，幸經濟部其他卷宗都棄，而有一宗財經卷悉攜出，方得據以辯訴，最高法院判決無罪。今惟空債四、五百萬，政府有當撥之銀元二十五萬不知何時撥還，而公司中有一船可出售，約為二百餘萬，不知何日脫手，向來研究經濟不願短欠人分文，因是急迫。余以在台灣無人有辦法，先償人本，日後償人息亦是一辦法，勸之乃出。在中山北路遇劉華山贈麵一斤，語余明日三號陰曆七月十五為葉楚傖先生生日，余念往日交情，淒然淚落，悵悵。乘十二路車，遇仇其慎，問余提麵是否自開火倉，余吟詩一首云：

每為調羹困自身，偶為諷勸感情真，
六年不見心酸楚，攜酒逢人祝誕辰。

　　余心淒楚，晏、陳二太太治炒麵，余淚落麵碗。飯後同瞿沈至西施茶室，竹屋以米竹為窗飾，東窗略有風，窗外有划船者可觀，乃竹凳高桌，極不安舒，出售甜茶，每盃兩元，極無趣味而返。瞿云廿歲嫁孫伯顏之二弟，抗戰起二弟為漢奸，乃與離異，在漢口與嘉猷婚。嘉猷久任公安局長，因志崇招而至美專校任科長，住美專校街者約二年餘，嫁孫曾生一男，因患白喉而殤。孫之漢奸案在截止告發之前夕入狀，孫意態無聊，在上海高長興酒醒墜樓致死，其青浦住宅為熊翥高謀佔。孫房在重慶時已售與金選青女，選青女入宅為翥高毆至小產，翥高得房費力比費錢更多。翥高任松江教育局長，抗戰事起，捲教職員兩月薪未發，近傳翥高被共產黨清算拘押，亦屬報應云。余出，遇黃季陸車，謂內政部正找重點施政，又曰趙鐵橋夫人已到香港，其第四子甚

好。余至王子弦處，知啟江長女□□已在台北公證結婚後赴高雄，啟江夫人自香港入境證已由壽賢為之辦理，啟江夫人將來台灣，啟江將自日本歸國。四時雨，乃返寓，錦姪來，謂文耀不眠及思想多雜加甚，伊亦吃不消如此下去，急求覓一靜室，余無以應。六時至鄭家飯，有燉豆腐、黃燜肉、火腿燉千張絲三菜，余為文耀事懊惱，鄭嫂勸解。八時前至秀武處送淡菜，出席中改第七次全國代表大會籌備委員會，九時半散，谷鳳翔送余回寓。將睡，適姚老姑太太率孫姚崇祖（其曾祖與曾國藩、李鴻章往來）來，為強恕初一留級，今日繳費無名，求余作書長耀維持，伊為振仙未續弦撫此孫殊苦。余問張曉峯知中華書局事否，曉峰答陳霆銳曾與談過，余謂陳乃四出搗亂。曉峯又云第四組交接，前任有不應支出者否，望查。

9月3日　晴

　　晨赴中本、永安當取利為人結賬。望楊佛士，以不在醫院規定時間未晤。召集諸祕書編印四至六、六至九綜合報告，一刻鐘便散會。第四組交代財務冊有換頁痕，騎縫印又不對，余合胡希汾與周天固言之。十二時在寧園飯，今日飯軟菜熱。飯後即至中華書局語姚志崇，以張曉峯所說一時發景美轉——溝子口考試院之房乃單薄像紙庫。余先休於伯稼房，嘉猷夫婦攜醬油鳳梨往尋張忠道夫人，余繼在成惕軒房晤買□□。入甲等房訪晤黃麟書，麟書有子女十二人，在未做官前略有節蓄，曾置產業，今售產為活。出，至張宗道家，正屋為宗道靈堂，其夫人不在，其子引余走田塍二，過下為稻田及水溝之木橋，轉入後埭第一房則為姜異生丙種房。丙種一房前後兩間，水泥地間八蓆而大，較甲種為簡，在鄉間以丙種為相稱。初時簡、薦人員不肯住丙種，異生

到院率先倡導，人方知丙種亦有長處，為考試院解決困難。甲種房每所三萬餘，位置西晒，牆窗木板單薄傳熱，地點不如丙種。姜異生於人之所喜彼不樂為，所以異者在此。出，驅車至木柵上指南宮，嘉猷直上祖師殿，謂今日中元燃燈無數，陳夫人腳踝尚腫，走至山半而折回。余上第三層，在樹階曠處望青山往，白鳥飛翔，心意極適。下山入市，在小學過去左有狹水泥道則為孫連仲所居，居前有日本人所挖防空洞一道通至小學。連仲居為方紅房一所，外有木板棚，有裝修者為客室，其女在家，其前有倚巖納風之屋一間，為孫部下所居，位置似較佳也。歸，到中央黨部疏散屋，鋁房架起，正在上樑，其前正修水管，後面宿舍未修。歸，在成惕軒房遇史壽白，余題惕軒瀛洲校士錄云：

校士於今兼考工，入闈亦有兵與農，
大魁大拜前朝事，願見佳人起畎中。

　　寫畢往尋盧吉宸夫人，談在廣西喪二老之苦，隨即在異生夾二間之金葆光房飲加拿大威士忌，味甚佳。今日中元節有茄餅，其他菜為蓑衣肉圓、魚翅、肉餅、冬瓜、南瓜炒牛肉絲，皆美味。飯後同伯稼走至山腳，在仙跡巖下有兩集，丙種房各五間，時圓月已上，湖色天空中，月之上、月之下有淡紫雲若山者作襯，山容欲睡作暗青，而叢樹為翠，綠山之邊線落樹中，極清晰。及余回異生寓，而圓光若鏡，山樹俱沉，真是美景。余因中改有會乃回，車至新生路送諸陳，至中改而總章會移明夜，乃歸臥。俞士英、奚志全以十一時來，余起坐草坪，月色極美，本晚如本年不是閏五月，應是中秋也。

9月4日　晴

　　晨丁鏐清來。馬振聰來囑補蓋印於中央日報交代冊。奚志全來，同往梅龍鎮食菜包及麵。十時中改會開會，張其昀報告總裁今往角板山，伊頗有志建立本黨理論，定名為反共抗俄基本論。又七全大會之政治報告，總裁允自寫作自報告，又總裁派洪蘭友、鄭彥棻往港接洽同志。次討論宣傳指導大綱，余發言病原為目標所列太空洞。十二時返，余天民自七堵來，云四十年清明余往掃蔡先生墓，遇浙江人經蔡先生栽培姓許者，亦奉上海蔡師母命來祭掃，嗣在港同學三十餘人來祭，曾合攝一影，許云師之幼子患肺病者未愈，女畢業交通大學者今在偽人民銀行任事，蔡師母食貧，衣衫襤褸。香港政府對華人墳場已議決取消，為墓上紳士名人極多，恐難以執行，此消息未登憲報，可不執行。天民在新華書院教書，祇開學時得五百元，第二、三、四、五月皆不見有錢，平均每月不滿百元，幾無以為生。錢穆為此來台灣籌錢，亦一籌莫展。下午徐向行來沈善琪，善琪擬不再往交通處，云其科長對之不信任。三時半同馬星野、劉寄生、汪仲讓、鄧傳楷審查各級組織處分條例，得修正通過。散會後至雷家，祇七娘娘在。殷桂貞介紹泗陽沈氏妻，生一男一女，其夫另有所歡，謂沈妾也。沈自租草房月七十元，靠縫衣度日，為望之翻絲棉袍、七娘娘做襯布袍針腳均細。余電召姚振先來，介紹入伊家傭工，月二百元，振先有受會計人員訓練可能，受訓後或能到美國實習六個月，對續弦事有考慮。夜飯時有汪醫師約下星期四到伊家飯，伊年四十七，產科，現不願接生而擔任婦科。夜飯後余走至中改，原改總章小組今夜開，又因中改聚餐譚話而停止，余白跑一次，於路飽看雲港月色而回。

9月5日　晴

晨錢馨斯、黃曰昉來繳所改造之褲，曰昉磨墨，馨斯助余寫成宋晞娶陳約聯云：

好合得清娛，晚來明月和銀燭；
商量為駢體，胸中書傳有餘香。

寫畢，同往梅龍鎮吃菜包，曰昉病中耳炎，就醫又空債，下月結婚計無所出，馨斯向余商一千，余允五百元。余歸，同沈善琪、楊有璜、有珂至中心診所西餐，以果醬雞及魚為佳，冰淇琳則不佳。歸，以有珂八月將與教員李君婚，余又送禮貳百元。二楊去後余少臥，至吳成衣家取衣，至陳嘉猷家小坐。四時同乃芬走西村南水港旁自舒蘭街回。飯後同晏長祐走村北望劍潭山而回，將歸又勞芬送洞庭湖船埠。立舒蘭家路旁觀月，上月鑽烏雲帶，得出金光耀水中，月再上又將藏烏雲陣中。余云光明乃暫時的，急欲回寓，芬得見雇車乃回。歸，孫伯顏來，云八月二十日之前，其子女往晝三處，情況尚好。余請孫君覆信道余安好，並請大師母來台。得東京張岳軍先生書，云展大古法帖曾出十餘冊，現無全者，止有第一至第七冊，書道全集有二、三十冊，尚有全者，所集碑帖墨蹟甚多，問余需要否。

9月6日　晴

余於王世勛、黃叔喬處知鐵路局北投招待所已可入浴，晨六時起，待天明即赴中華書局候邱梁，前年邱曾游賞是所，邱起盥洗，余屢催促，約三十分鐘始說不往。余往後車站，猶得搭七點五十分往淡水車，到老北投而轉車。去年以汽油車接汽油車，今

以龍頭車接汽油車，此為汽油車不殼分配之證。出車站，擬尋賀元靖所介紹之牛肉麵館，恐其太油，乃至張純漚寓，純漚據一小桌，布衫、褲皆有補綻，妻生脂肪瘤，女扁桃腺，入醫院屢屢。純曰因營養不足病，其故在貧，及其病也，則更貧，循環為患，真不是路。房西曬為工礦公司浴室，樓廳慣見諸人解衣入浴，今借監察院木屏風四扇為檷，余與之食牛奶、麥片、雞蛋於屏風內。余曾宿其陳家橋內政部官舍及昆明翠湖北之住宅，上日本樓飲茶，今簡陋如是，知其苦也。然純已自得，云比大陸佳勝，每日西曬盛時則挾一書往鄰近之學校，一人據一教室，八時始歸飯。余辭伊下樓，走正在敷澆之柏油路轉溫泉路，樹比前高大，路旁住宅新有二弄，傷兵醫院對面建新房，其近處有人建高樓兩間如更樓，然極不美觀。至八勝園弄，行政院長陳誠之車房在路，正對招待所之大門為四扇，更內則為老蔡便門，再進則為舊門，氣派比前為大，余乃呼老蔡。其內則地勢逼窄，曲折而入，舊日本式統蓆今皆裝修為方房，不大通氣，前時前後二席房今改為客廳，亦裝修得不通空氣。此房之後陳誠臥室大小兩間，改舊時便所、一弄堂為前後兩間，一近浴室，一通臥房，臥房外園地尚大，此為改得合式者。浴堂砌洋磁則容量比舊時為小，樹木有斬剪處則為小不妥，其最大不妥則為改日本式統蓆房而為各間，真不懂事者所為。余遇夏心客夫人及其母氏、二男一女，兩月前夏夫人宮外受孕，入私人醫院開刀並割去子宮，費二千四百元，留醫院祇旬日，出院後休於此，託老蔡燒飯，山房潮濕，一切皆發霉，正計畫搬至溫泉路口原屋。余休於舊門內脫鞋處，此處最為風涼，閱曹學儉蜀中名勝記，午前浴兩次。十二時半飯，夏夫人為煮豆腐，飯後臥，臥起又浴，乃至醫院相思樹道下。遇汽車載二客，見余下車呼狄先生，言將往八勝園，不知其為誰某也。

自某軍軍部轉小路下，至何芝園寓，芝園方晝寢，語余同文為向
林產管理局租地入市辦交涉，慶翼大學已卒業，為副校長之祕
書，每週得五十美金等事。五時余在太陽光極強時走明月樓下坡
至汽車站，乘五點一刻自淡水至基隆車，至延平北路下。歸寓略
休，觀明孫學步與陳清文家小孩學樣，即往老正興參與宋晞娶陳
約婚禮，正在樓上太陽中行禮，葉寉之拉余來賓演說，余走馬路
上以避，遇黃小堂媳。上樓入席，約三十餘桌，余坐慈谿人桌，
上為馮、陳等姓，有布雷先生長子陳遲，今為岸內糖廠廠長，及
布雷祕書陳秋陽，十六年漢口曾晤余者。七時半至第一女中參加
廣播晚會，伶票名人高華、顧正秋、張正芬、郭淑英等均到，僅
嘯雲觀主之武家坡尚唱得佳，邵曾禧配不上。十一時出，同陳嘉
猷三六九食餛飩，呼門得歸寧樓。

9月7日　晴　星期

　　中改副主任同志約游碧潭，余以八時往，車在黨部門首，余
入飯堂，同張伯華食粥兩碗，有浸黃豆，惜無香油。入第六組晤
徐晴嵐，王星周為今日幹事，臺北縣長梅達夫為今日請客之主
人，新店碧潭，臺北縣轄境也。九時交通車開行，諶忠幹請往視
溝子口鋁房，余以尚無可觀，主不往。車至新店，有一轎車引上
山坡，至文山鄉國民學校校舍，在二行山中往李志伊家之山，翠
峰三五攢聚在校前，臨碧潭之房正對對岸山，自此房走下樹岸，
斜觀遠山重疊，灰青輕淡分明，真是美觀。碧潭深綠，白布為帳
篷之游船一一可數，占風景最佳處縣長備船。余等先開自清會，
張壽賢、沈祖懋、郭驥、任覺五、徐晴嵐及余各講一段，以郭驥
誤被共產黨報載攜妓宿大旅館，實則孔令侃所為為最發笑。十一
時三刻畢，即飯會賓樓翅二席，谷鳳翔、李士英趕來（陳漢平到

碧潭而未得地址），余桌有任覺五、沈祖懋夫人，上桌有馬星野、梁永章、鄧傳楷、羅才榮、許聞淵、鄭經生等。吃西瓜時余巡校觀山，發現禮堂被火災，兩星期前軍人為之。飯畢，二下女攜巾、盆、桶、盃上改裝之吉卜車返板橋縣政府，因是知今日費事甚多。余乘任、沈車返中央黨部，尋 2938 不得，乃雇三輪車回寓略臥。四時至德惠街十六號李韻清家，為戴貢三子恩沚與李謨棟女曼羅訂婚，余略述戴家狀況。吃蛋糕後至臺北賓館，許靜仁八十生辰茶會（許自云外柔內剛，體動心靜），王觀漁、張默君、□□□等皆說余寫大字瀟湘餐廳至佳。余食壽桃豬油夾沙者兩隻，即至凌家共陳嘉猷夫人為一腳，負一百二十五元，夫人前次大勝，正好退帳。天奇熱，晚飯後尤甚，散賭，余送芬上十二路車，圓月橙紅缺半，不圓不明。回寓浴後同啟文、叔喬講生死靈感相通故事數則，十一時四十分始睡，睡不熟又起身寫六日日記至美金處，倦眼難開乃睡。

　　總理元配孫哲生先生母盧太夫人今日晨病卒澳門，年八十六，孫治平在側。李韻清講許世英為閣揆兼財政部長，馮玉祥逼餉，韻清為算關鹽餘，發行春節庫券捌百萬以應，黃伯度撰「篤行實踐的許靜仁先生」云是六百萬。

9月8日　晴

　　晨閱紀律委員會案卷，祝毓來取去。余至立法委員黨部檢查選舉名冊，余名在第二十八黨小組。出，同仲肇湘至殯儀館拜葉溯中母張喪，仲云立法選舉千萬不要選出劉秋芳，其人出席院會乃如寶蟾送酒。歸至永安當，取王郁佩芳存摺送與佩芳，王伯母又云六十歲人無人招呼，盍娶一姨太，前日戴志鈞亦云娶人。余曰余有妻今在大陸受難，聞再娶必痛心，且我弟兄四人中三人已

易妻，余決不為。余今略有積蓄，再娶則罄其所有，日常家庭開銷亦將如餘人陷入困頓。余怕生育，此時生兒八十歲尚未成立。余喜助人，娶人則不能助人。王伯母高年，耳朵不靈，聽不見許多話也。佩芳約十四下午陪其親戚打牌。飯時回飯，菜特佳。陳坤懷兩次來，贈余海軍截獲之煙台張裕公司所出金星高月白蘭地一中瓶，伊住芝山巖，為保密局勤務竊去衣箱，季通之絨線衣在內，被其人當去，餘衣雖查得，箱久置防空洞中已腐，余贈以香港衫一件。飯後中央黨部無會，三時持錢十嚴牙皮圖章往友信書局託售，其人謂衡陽路可售。余往中華書局尋華九星，託在文具廚窗中出售。既而在博愛路遇徐鍾佩，伊為犬咬，打狂犬藥針十四針。余入淡江英語專科晤李保謙，交王秉鈞留余桌上為求其子天德必取情急之信。劉鎮南語余，王晤浩然，求其豫允必取，浩然無以應也。余入雷家，知姚老太太未能容納女傭。出，至鄭家觀陸再雲夫婦與明、皓打牌，飯時有白斬雞、豆腐百葉。飯後回，休於草坪，浴後臥。王培禮夫婦以保安司令部來傳票，因案詢問王履之，履之為在成都時之化名，培禮云用處極少，不知因何被傳。

　　鄭味經云台北非大都會，經商者採少進貨多出售主義，不用大本錢，亦不取大排場，居家者則定有些底子，如香蕉園等，然後再設計每一家人能生產，如車掌、下女、店員，所入雖不多，但各人無閒力閒時消耗於別處，其經濟目的已達到。

　　王化南先生來訪，坐於草坪，余勸其高年勿為兒子上學特別緊張。伊對余感激，一為重慶用汽車裝米，二為臺北賓館評議委員發表時，余呼王秉鈞、王秉鈞。

9月9日 晴

晨覺天氣較寒，擁被不起。李向采夫婦來，余衣新購得之秋羅夾衫同過梅龍鎮，樓門尚閉，樓上有人掃地。余等坐車之瀟湘餐廳，李夫婦觀賞余所書招牌，食蝦腰麵粉。過中山堂前，彭醇士又云招牌寫得好。入中山堂，今日立法院第十會期首次集會，會場談十一日七全大會代表選舉事，鬧熱如交易所，余交劉廉克五百元，與李永新同夏敷棠恕園茶即歸。張慶楨與余談王守憲求助事。黃堅來，為伊作書周子若求事，伊原在商業專科學校任教務主任，校長某令伊改動學生分數，伊怕陰溝裡翻船遂辭職，八月起賦閒。黃進門時余得金葆光（體乾）書，係五日燈下感涼，無人來聊天時所作，先和余念楚傖詩：

未死精神雖死身，纏綿家國見情真，
海天月在人何在，遙揖靈巖祝誕辰。

次聞余善飲，問與新交飲乎，抑舊友乎。想象所及當為新交，丁斯艱屯，憂從中來，不能自知。倘一盃在手，悠然於寥天廓地之外，自有佳致，嫋嫋棕櫚樹，豔豔美人焦，有何不如採菊東籬下，攸然見南山耶。次想象楚屈原之不能飲，假使能飲，美人香草、黃鐘瓦釜早已付諸酒罍之中。次論晉之陶淵明真是一個豪傑，少飲輒醉，既醉即退，蓋其傷心故國，不得不守形骸而葆天真。次論唐李白乃功名之士，逃名於酒而已。體乾與酒交三十年，少年沈於酒海，今不過飲一兩盃即止，此為酒論出諸於因酒得病之金先生，甚為珍貴。金在江蘇省政府及國民大會籌備處皆佐葉先生。下午睡至熟，睡起祝毓來商案，余已將報告看好。五時半至鄭家，菉豆湯加棗子便好吃，同味經走老松小學，為侯佩

尹購棉花胎未成，余購日本壽字水盂。飯時朱歐生來，飯後朱歐
生偕鄭皓出游，皓孕體如敲大銅鼓者，大鵬會假哭，會干涉人脫
鞋。余入中改參與籌備委員會，通過智識青年選舉用費四千二百
元，大會場圖表、照相布置費以一萬元為限，華僑招待費每人
一千元，以五萬五千元為率。谷鳳翔云海關有充公貨一批，出售
可得四、五十萬元，余主城內有一華僑招待所，城外有一別墅浴
堂。散會，谷正綱云立法院青年團中人假投票，鄭彥棻前往監
選，林棟奉命放棄，此次選舉派系不但明朗且尖銳化，余做了兩
年改造委員，不但受騙且以此訓人，又做了騙子，誠慨乎其言
之。洪蘭友五日至香港，彥棻尚未成行。余既歸寓，王培禮夫婦
來，告今日下午四時半保安司令部軍法官李烈詢問伊同蔣蘭州之
關係及知否方覺慧參加第三勢力內容，作筆錄後勸伊具保。王去
後俞士英、奚志全來，沈昌煥語余士英係俞叔平律師之姪，家已
娶妻不合，再與女人往來，且用錢極不慎省。余詢志全，謂士英
家有患肺病之妻，曾生一子染肺病至殤，決與離婚，空債是事
實，半為所得太少，半為沙蟹。志全為伊償債費四、五千金，伊
之瘦弱半因此故。俞士英伊決爭取叔平利，士英能寫狀又能寫應
酬信，最好士英入叔平之律師事務所工作，此外隨處破壞。余為
士英介紹入發言人辦公室，此情一概不知，僅基於助人快樂一
點，此事恐將鬧糾紛。

9月10日　晴，下午雨

　　晨莊靜來訪，伊有志為七全大會女代表，江蘇人不團結，因
而泣下。余上午曾攜張目寒蜀中紀行，擬還目寒此冊，而目寒四
日前赴香港。余於監察院前遇李德元，天熱所以走路，謂有助於
排洩，而在太陽中行走亦吃不消，乃歸。飯後睡起，瞿芬來送所

製藍布長袍及褲帶，余送伊至博愛路。入中改參加中改會，總裁
至，天冷前傳至角板山，不確。政治報告成立一委員會起草，余
薦許靜芝，召集人沈昌煥云黃伯度似比靜芝熟悉，余曰不然。總
裁又手諭注意紀律考核及財政之管理任勞任怨等等。今日會上通
過各級組織處分規程及決算案，所列改進事項余作說明，張其昀
願切實奉行而請紀律委員會不吝指教，嗚呼晚矣。關於第四組交
代，余催馮葆民、胡希汾速辦，蕭自誠反振振有詞，差可笑也。
七時散會，余入袁企止寓飲啤酒，有彭玉麐書四條，每條兩行，
屏一條甚有力。七時半在黨部飯，飯後總章小組開會，陳雪屏、
谷正綱皆不到，余主評議委員人數為中央委員之倍數，又主重要
建議對黨不一定對總裁，且謂產生方法不可與中央委員同，九
時歸。

9月11日　晴

　　晨凌英貞來，為莊靜求余一票，余謂莊距當選尚遠，余仍舉
林棟，同英貞三陽春食點。九時立法委員黨部選舉，谷正鼎、倪
文亞、湯如炎、孫桂籍、李永新、陳逸雲當選，吳望伋、徐中
齊、王儁英、莊靜、劉秋芳皆失敗，林棟祇余一票，謂團及顧墨
三集團全力排棟，而余以江蘇青年為號召，私終主張永矢弗諼。
十時中改會，討論大陸土地政策，余提墳地不可不研究及之華僑
在祖居蓋一住宅不可充公。

　　梁慧義下午三時來，示我基隆地方法院特種刑事判決，潘時
雨、洪家駒、何茂榮、陳世盛、蔡裕鉉、姜紹五證據不足，港務
局之調查筆錄不足，憑信被控貪汙等案（四十一年一月廿六日判
徒刑五年），經台灣高等法院發回更為審理判決無罪之文書。

　　余於十二時至陳嘉猷夫人處飯，有千張包及大頭菜絲及千張

絲，飯後臥中堂，醒時乘公共汽車回。梁慧義在樓廊，潘時雨無罪但久無事，余同慧義入國際觀賽籃球影片，出，在梅龍鎮麵乃別。至雷孝若家啤酒及飯，飯後為閔湘（秋心）題畫乃歸。今日立法院會場廖維藩說余瀟湘扁好，為湖南人生色。

夜寧園鐵路選舉酒席，莫葵卿語余中改命要舉中級技術人員，甚傷腦經。昨施復昌訴余賀君山硬不許招商局出主任委員，亦不許施辭主任委員。昨午得見台灣初選代表，縣長、主任委員、警察局長當選者甚多，改造兩年有餘，至選舉時而症狀大著，與舊時較並未改觀，此則甚可悲也。

前日中改會將畢議之頃，沈昌煥拜告美國民主黨副總統候選人發表譚話，有韓戰結束將考慮聯合國中共出席問題及台灣託管問題，論調極奇。沈謂商葉公超駁斥並稟總裁，兩日來報上未見此事，不知何故。

張乃潤來，送其母為在香港購扇子兩把、剪刀一把。

9 月 12 日　晴

晨、午都赴立法院會議，下午為委員不出席大會須請假問題，余主不必，余並不再贊成用會場糾察，余謂祇有在委員會擔任審查及在大會擔任說明之人不能到會，應向委員會請假。四時三十分余至大世界，擬觀法國片沙士比亞 Romeo & Juliet，而片子已換游泳歌唱片，遇郭淑英代為尋座。散戲，到黃曰昉家，母女均不在。至錢家，探斗出差，逑先未回，十嚴丈在家，羽霄、馨斯在家。余食泡飯後打牌十二圈，叫門得回寧樓。

9 月 13 日　晴

晨丁溶青來。黃曰昉來，談久之，伊下月將結婚，擬十月八

日在會賓樓。十時紀律會，余主席討論，顧希平因案先行停止黨權，張篤倫脫離組織一年以上，停止黨權六個月。十一時散，余驅車長春路陳嘉猷夫人處如小兒放學，余喜吃油豆腐，在朱村尋覓不得，乃購肉、小白菜及蘿卜三種。一時飯，飯後略臥，二時走舒蘭街，陳夫人送至四山圍望、行道樹蔭稻田處。余至王家，同朱盧白、王世意夫馬君打牌，探斗自出差回，黃叔喬、秦啟文亦來。打至十二時同黃、秦返寓，抹身即睡。朱、錢及陳敏打天亮，余遵陳夫人勸得歸。

9月14日　晴　星期日

黃曰昉來取傘，余還伊外祖錢十嚴丈前年借給余之馬褂，余已在朱鍾祺處購得一件。熊亨靈來，旨在得淪陷區代表，余與譚沈善琪辭職事，伊云股長無所謂，可以關照他改善態度，何必求去。黃天鵬、盧小珠來，為今年十二月廿八日市議員選舉，婦女有保障名額，第二區為古亭、雙園、龍山、城中四行政區，教余為伊運動票子。張仰高來，求為省政府祕書，有程海濤缺可空出。楊鑑資來，求為向江一平求補助金，云伊父之詩話中載狄億詩。海門姚宗海來述曾為縣指導委員，今在台無事，有三子皆師範畢業，長在陽明山管理局，次、季皆為小學教員。陳嘉猷夫婦來，同坐莫衡車上梅龍鎮干絲及菜包。至凌家，十一時成局，三時余至廈門街 99 巷 35 號船員俱樂部參加崑曲同期，四時始開唱，折陽、寄子、夜奔、彈詞、酒樓、三醉、佳期、望鄉、刀會、痴夢等曲，以項馨吾痴夢為最。吃冰淇淋後，又在園中同朱盧白等攝影，傍牆佛桑花盛開，郁元英謂日本人黑龍會槍斃愛國志士於此。六時同陳定山、汪經昌、俞良濟圍園吃生啤酒，以燻雞白肚湯為佳，定山教余試吞生魚，其餘八寶翅、炒腰子均不

佳。余回同甫寓打牌，九時而罷。劉象山、戴天仇均來候，余未晤。朱世楷十一日七時三十分、今日三時兩次來，未晤，項蓉再購鈣片。

9 月 15 日　晴

　　晨粥米太硬，不能多吃。裝訂趙松雪書急就章，商務印書館民國三年印趙書章草，余於四十年顧希平所籌備之古書畫展見一題跋署款「孟頫」，幾不易認出，神雋有力，為趙書其他件所未有，因知寶愛。先得四美章草合璧，有趙書千字文，今又得此，極歡。訂畢賞玩一番。出尋中西書店，尚未開門。入時代理髮，到伍中行購得火瓜，到長春路交芬，芬勸我不打較大之麻將，謂不如看電影、走鄉村。十一時半過延平北路回，問德豐，無較好之十行紙。回寓，蕭同茲、孫芹池在寓請客，知陸豔秋又生一女，張翠紅生了無數男女。既而陳希曾來，同譚笑。飯後余至佩尹處晝寢，伊正寫秋蘭稿，三時後食麥糊乃返。祝毓來商案，徐燕謀、徐銘及其父來商對付余文祥律師占屋事。六時至鄭家飯，有燉豆腐及海燕油豆腐湯，甚美。飯後走歸，不浴早臥。而何欽翎攜夫來問可進中央日報否，奚志全攜俞士英來問俞叔平想士英回去見他，並幫辦律師事務所事。坐草坪極風涼，余仍得美睡。
　　黃仲翔夫婦來尋余，未晤，約下星期四下午二時再來。

9 月 16 日　晴

　　晨奚志全來，同往梅龍鎮食蝦仁飯，伊與俞士英已同居，不肥而瘦，為心理上種種不舒，余勸解之。十時入立法院，討論本院組織，法院方希望人事名額增加調整，而魏雪冰等主維持原額，仲肇湘商余發言解決此一困難，余謂發言無益，辭之。苗啟

平又嚴持缺席請假維持秩序之說，此案甚難通過，提出者無誠
意，多數人不願問訊，非立法院無人才不能解決此事也。余同劉
衢靜恕園茶，衢靜夫郭威白在共區教書，子入北京大學從共，老
母在香港九龍鑽石山四千港紙造一住房，有妹侍母，一妹婿在廣
州被誅，寡妹不能來香港，伊十月中將返港侍母，母年八十四
矣。茶罷，余再入立法院聽發言，至休息而返。楊靜宜同夫錢先
生來商蘇松太月會地點，將問問裝甲之家。今日院會陳紀瀅又說
我瀟湘餐廳四字寫得別具一格，余因告楊、錢願為寺院寫字。飯
時有鹹魚，飯後熟睡。睡起到立法院坐成開會，即到東廂下納
涼。余語李文齋以余追悼葉楚傖有句云「每為調羹困自身」，文
齋云葉先生亦知遷延調停不痛快解決之非，曾與文齋言之。余
出，至中西書局樓上問唐宋元名畫真跡，索價一千元。出，在世
界書局購日本京都大學人文科學研究所吉田幸次郎等所編元曲選
釋，計漢宮秋、金錢記、殺狗勸夫三種，余攜往武昌街十八號閱
之。夜應王秉鈞宴，除劉塵蘇與余外皆河北人，宴畢食化南自台
中帶來之香蕉、文旦。余歸閱元曲選釋三冊畢，釋白話用郝懿行
證俗文、錢大昕恆言錄、翟浩通俗編、劉淇助字辨略、楊子方
言、史夢蘭燕說、胡文英吳下方言考、張慎儀蜀方言、高士奇天
祿識餘、徐渭南詞敘錄、焦竑俗書刊誤、章炳麟新方言、黃氏
生字詁、顧起元客座贅語等書，吏學錄律例及官文書供詞等皆取
為證。

9月17日　晴

　　晨祝毓來取牘。余至陳嘉猷家候孫太太來，孫伯顏又報書三
在上海安好。飯時有暴醃肉、蒿白絲百葉。飯後臥，臥起打麻將
八圈。取香煙往士林宴，皮作瓊新任林產管理處，侯佩尹來台灣

一年，商文立、崔載揚、張道藩、蔣碧微、但蔭蓀、陳子仁、劉大悲夫婦坐草地賞佛桑花，吃在門亭下。八時回中央黨部參加談話會，討論中央委員改稱理事，其人數有主正式廿四、候補八人，有主正三十二、候補十六人，評議委員之人數與中央委員會常務委員多數不主設置，余主五人至七人，鄭彥棻主十六人，中委主不定標準。十時余返，譚話會延長至十二時。羅志希攜趙松雪書金篆隸章真草六體千字文印本，以章草最佳。

9 月 18 日　晴

　　晨丁熔清來，囑為伊妹□□致書樊際昌求錄取為打字員。黃曰昉來求借一千，余仍辭之。余至立法院選舉財委會召集人及程序委員。到中改同馮葆民、胡希汾商第四組空款事，希汾示余售鹽美金購棉毛案。十時中改會，總裁主席，張曉峯報告籌備七全大會，沈昌煥報告七全宣傳計畫，陳雪屏報告綜合視導結果。十一時半休息，余溜至陳家，知孫伯顏子大瀉，芬料理至苦。余歸寧樓飯，飯後史祖鰲來，云已得臨時電務職。律師余祥琴來，謂金華街 118 號房伊已付陸根泉美金六千元，修理伊費三萬元，滿口胡言，余闞之下樓。芬來，梁慧義攜女來，為致書浦逖生請准潘時雨復職。梁去余浴，浴後余天民來，持蔡先生墨跡余為題詩五首者，曰一揮而就，自然佳妙，港友問狄君武何以能如此，天民曰此人才子，滿肚是詩，余不禁失笑。余怕落人窠臼，不欲多記古人成句，背誦亦不齊全，謂為滿肚是詩者祇是有詩意耳。出，至中華書局略坐，寄周月娟信與林彬，請早發表伊夫為屏東庭長。六時至徐向行家，今日向行生日，施政楷、劉季植、□□□夫婦共一桌，在露天，吃菜皆有味，余評八十五分。飯後坐庭中講故事，施君送余返。

9月19日　晴

　　晨赴立法院會，入中山堂前之弄堂粵菜館食叉燒包二枚，廣東立法委員劉誌軒為付帳。壁間貼精忠粵劇團二十三日之後將來表演粵劇，云此為海南劇團，惜人數少耳，劇目貼有「朝妻暮嫂」，不知何種情節。院議國防組織法付國防、法制外，再加外交、財政、內政三委員審查。次林棟說明提案，為監察院彈劾省市議長有違民主正義，易起弊端，應修正監察院監察委員選舉罷免法施行條例第二十一條條文，其條文云監察委員於其選出之省市議長或首長有彈劾案提出時，其省市議會對該監察委員不得為罷免案之聲請，但監察法無此條款，議長不能解釋為公務員，民意代表是否可彈劾，如其可也，不知監察委員對監察院其他委員及其院長如何辦理。林棟說明尚穩，余與杜光勛皆諦聽之。余今日坐六十八號，作諧詩云：

坐位在當中，靠近麥克風，
總理凝神望，院長避面衝；
居然充老輩，不敢做先鋒，
開會身先到，溜時走不通。

　　十一時返，候久之漢口熊祕書叔衡來，今為第二組專門委員，為充當七全代表特來商余，余請其梅龍鎮飯，伊請余四姊妹食木瓜，木瓜碟中有檸檬一小塊，余以之沖冰水，甚美。三時過立法院，門閉，晨間議程所列殆已議完。入中改討論總章，區以下得逐設小組，紀律案採用總章原文而酌增一、二款，評議委員建議不限於對總裁，皆有進步，余並主寫一修改說明其已徵求下級意見，少所採取或別作補救者，宜寫一說明。散會五時許，知

昨余早退，總裁所宣述之意為設常務理事會，其人數為十一人，中央委員則稱理事，評議之人數與理事同為三十二。余於會前同谷、胡商第四組交代事，並託谷查已付單據之確實性。祝毓曰蕭娶蔡孟堅妻，此人為漢口十姊妹之一，近時蕭倒去存款三萬，妻曰汝亦從貪汙中來。余語鳳翔四組已矣，我頗憂中央日報。六時至長春路，同瞿沈走行政專校側，遇楊森及其妻，余等在長春路走不通處走低田觀茭白田。歸途欲食紅油餃未得，得臭蛋四，食粥及饅頭。飯後同晏太太及陳太太乘十二路，遇邵英多及其夫、其子。入凌太太家，不在，晏、陳入寧園觀中西男女聚餐及跳舞，主人請余飲威士忌，女客飲可口可樂。余送晏、陳上十二路車，回樓聽跳舞音樂及踏足聲、笑聲，至十二時不停，直至二時後始停。

9 月 20 日　晴雨

　　晨入台北賓館參與淪陷地區七全黨代表之遴選，余入室議已開始，張其昀主席，王雪艇、吳國楨、黃少谷均到，為人事審核難得之舉。每省區已選舉出該省籍代表者，如廣東、福建、湖南、浙江、江蘇等省皆不再遴選，上海有一港務局代表唐姓，向不與聞上海黨務，余謂宜遴選一代表，王雪艇以為不必，結果報告總裁核奪。川康渝首列黃仲翔，余為之作喬玄式揄揚，結果謂是中央委員可以列席，不再考慮。滿族諸人希望出廣祿，推商結果英千里、富德淳當選，廣祿記名，請總裁核奪決定人數，額一人者舉二人，余與連震東為開票員，共選舉五、六次。平津冀二、河南一、山西一、東北一、川康渝一、甘寧青察四、鐵公路礦二、邊疆四。中午飯二百五十元一桌，味尚佳，飯後西瓜則不佳。余歸寓，芬來，劉象山來，余至梅龍鎮送禮，吳家尚無人

在。至凌家候姚志崇來打牌，六時又至梅龍鎮晤周亞陶、杜照新、王德祥等來幫喜事者，吳元曾其子永道及新娘洪玉霞皆尚未到。余回凌家飯，打牌至十一時回寓，閱港報數份乃睡。

9月21日　晨晴，下午雨

晨丁溶清來，丁去黃曰昉來，伊煩余購煙酒、借地毯、定酒席。昉送我到六路站，余至善導寺拜張金鑑父秉文（七十三歲，卒於台北縣新店鎮）之開弔。秉三河南安陽人，十六歲為銀匠店學徒，藝成設萬盛銀樓，後與人合資設德和同棉糧行，以贏利置良田四百餘畝，房屋十餘幢。教育金鑑成立，由安陽中學至北京大學，二十年考取河南官費赴美游學，金鑑歸為教授，後膺選立法委員。三十八年四月金鑑在南京開會，二十七日秉文閱報謂共匪在丹陽劫車，內有立委多人，以為金鑑亦在其中，暈厥中風，今年七月廿四日因便血不治致卒，其栽培愛育子女深可悲悼，今日到者不少。出，至錢家，逖先出差返台北，探斗夫人及桑圭送余至國民學校場後。余至陳家，同甫夫婦及志崇已先在，共打七將二十八圈。午食麵，清蝦極佳。夜飯略飲酒，有臭豆腐、百葉捲、火爪鮮蹄及蟹，余不敢多食，十一時乃歸。何志浩來訪，陳桂清來訪，汪經昌來訪，李向采來訪，皆未晤。李託為楊鑑資請江一平資助，江赴香港未歸。汪託定廿八日下午在寧園崑曲同期。許紹棣寄來關於捲煙詩五言兩首，有句云「傾城安足慕，見此不自持」，足見其纏綿之至也。何福元、方英達來訪，未晤。

9月22日　陰

晨侯佩尹持申丙雙穗樓吟草，售十元，詩不佳，印成出售，每本可獲利六元。余勉購一冊，謂可作批評材料，相與大笑。余

語佩尹以不欲同古人面貌、落古人窠臼，佩尹曰運思之時古人悉
在眼前，下筆之時丟古人於腦後，此為自圖建立之必要條件，因
譚袁枚之續詩品，惟我詩人眾妙扶智。又曰亦有生金一鑄而就，
此為因而起意與不可改易之兩種情形。九時谷鳳翔、郭澄來候，
余赴陽明山路上飽看新秋雨後之景，最勝處為基隆河船、竹嶺樹
徑、山仔後看山。自國際飯店前轉入陽明山莊，上莊樓入倪文亞
房，謂此寂如僧舍之房，精神上甚覺緊張，上午六時之升旗，勤
務五時即將房門洞開，三電燈齊開，日間忙於開會、上課、陪學
員見總裁。總裁於下午七時前信步來此處，七時後天黑不宜散
步，如是累月不得美菜好飯來吃，故學員有加肥者，久在山辦公
之人無不消瘦。下樓逢飄雨如篩，皆落杜鵑枝上，陽明山有鵑萬
本，陽明山莊為鵑花集中地。過新落成之圖書館即入禮堂，十一
時紀念周，總裁先講台北市容不如高雄，尤其軍人行動態度欠
佳，次命人讀八月間所講之國際情事分析及下野復國種種。中曾
休息，余與宋澎、桂永清、蕭叔毅說笑。一時返城，在嘉祐夫人
處飯，飯後小睡，睡起返寧樓，即至中央黨部參加改造委員會，
紀律案得通過，諸人講遴選。余至永安當，知碧子已產子。至鄭
家飯，有煎小脂魚，甚美。明自今日起不加班，言及李家瓊獨以
體弱未補正，余託明向安蔚南言之，余又言及彭利人夫人與蕭惠
芬之女濮啟文（長濮啟武、三濮啟新），囑明照顧。飯後訪錢召
如，伊同楊靜宜夫人方自新店禮新刻成之阿彌陀佛（原係廣欽法
師坐處）返，商蘇松太月會事。又至李向采處，送楊鑑資上車站
返水源地乃回，略抹身即睡，閱何敬之所贈戰史初稿陳訓正（布
雷原名）序。

　　鄭明懷孕，腰粗體胖，云除開上工，一處不去，陰曆十二月
可分娩。其妹鄭皓亦懷孕，疊胸更甚似敲銅鼓者，然再一個月可

分娩，朱歐生近又受訓，皓歸娘家。少屏夫人依其女及婿，女傭阿喚年十七，體高臀巨，任職不待吩咐而甚畏老太太之絮叨，生活方式以母依女、女依娘為最妥。

9月23日　晴

晨祝毓來告，前日工作會議為香港工商日報載七全大會代表名額軍隊黨部三十四人，而十四日自立晚報即有此項登載，謂轉載自三十三期真理世界。真理世界之主持人龐儀山同志謂此項資料自中改第五組得來，高蔭祖作報告如此。祝毓到第五組查，則無人承認有此舉，再問真理世界，則謂自第五組辦公室桌上得之。以余觀察自立晚報登載較簡，係漏洩自個人，工商日報二十一日所登則採自十日出版之「改造」，紀律委員會處分黨員違紀，但不負查緝之責，囑祝毓報告本日工作會議。九時許錢召南來，徐燕謀偕姪昌□來。余至立法院，聽張道藩報告院中用人情形，嗣討論立法院組織法，陳紹賢、劉明侯發言，凌英貞語我江蘇委員將聚餐，拉余作發起人。余至永安當，得胡桃縐夾衫，送至王家交藕兮，又在蓆店購窄蓆贈焦立雲，立雲為余洗衣，為文耀送飯，頗辛苦。黎世芬來囑補蓋印於中央日報交代冊，云張星舫在空軍醫院割疝氣將出院，李士英未就任總編輯。總編輯原為八百元月薪，陶去任，總編輯聽社長、副社長指揮，改薪為六百八十元，李不就，經蕭改許為八百，而李以非由總裁一人指揮，董事長、社長、副社長皆可問訊，決不就。中央日報原為社論平淡而易總主筆，近且總主筆無之，蕭擬約羅志希，羅辭焉。馬星野休息正可反省，其辦報成績已達最高峰，難以再加，去職亦得。世芬現改任祕書，飯時始去。

飯後臥，臥起陳石泉來譚，伊次女明任取得美國匹次堡大學

獎學金，現在台灣大學農學院二年級，將赴外國，來尋 1,200 美元保證金，已有親戚處可商。伊云伊襟弟濮孟九刻苦任事，身患肝病而勤公不假，景況清苦從不言及，其次女在印製廠作工，伊亦不以署長提起，真是硬漢。其妻蕭蕙芬好賭，不管家務，現不同居一處，即使同居徒增吵鬧，余甚憐之。孟九與余弟畫三同在德國巴揚邦武茨堡大學讀書，當日姓名為濮達。石泉又云項蓉與婿不時到伊家飯，王太太是產科畢業，屆時可任照料，濮太太有洋機，已為準備小兒衣服。余託石泉向諸人道謝。三時石泉送余入立法院，約中秋游新竹，中秋為十月三號星期五，如往游則可游三日，以換換腦經。

今日下午始以楊佛士所贈之藍直行格子簿書曲話。

六時至鄭宅飯，有四喜肉及油豆腐湯。飯後同鄭明坐庭中講話。本日始得林在明去年八月所進小號膠布售出之款伍佰陸拾元，此項膠布去年十一月廿七日已收林在明一千八百五十二元，共為 2,412 元，再有大號者可售出約為一千元，清本須蝕六百元利，損失四千三百元，為省子一張提單費美金十元，共損失五千元。

八時至中改參與籌備委員會，定祕書得列席，評議委員三十二人由總裁提請通過，中央理事三十二人，候補十六人，先介紹一番再提出候選人選舉，十時返寓。

9 月 24 日 晴

晨食粥，有酸菜炒肉末。入立法院財政委員會參加第一次會議，台北市商會請願營業稅仍請恢復三千元起徵，其理事長黃添樑來說明。財政廳代表某君謂工人、農人同是人民，土地等稅無所謂起徵點。余辯正之謂國家之於人民，遇困乏則須救濟之，

三千元以下確係小本生意，肩挑負販形同乞丐，老嫗設攤免其討飯，此種情形台北還不顯著，在外縣鄉村必需定一起徵點，營業稅法第三條規定由地方政府通過，地方議方斟酌地方經濟情形定之，非不定也。十一時歸，在舊書攤購得日本明治十三年所印、天保十五年所出版之尾張名所圖繪前後編殘本十二冊，每一名勝、事跡、工藝、佛典均繪成木刻圖，所引中、日文書多至八百三十六部，余愛其圖書甚精，有可取法處，挾之歸。飯後致鈕惕生、丁似庵、陸京士函，皆約蘇松太講話。至中華書局同芬游街，至真善美看酒，未購，至四姊妹坐，余食木瓜。入國際觀影戲，為改造之天方夜譚故事。出，尋大明湖，坐淡水湖邊紅蕉下送落日。入梅龍鎮飯，飯後入中山堂觀粵劇風塵三俠，李靖、紅拂唱及身段甚好，虬髯公毫無大俠派頭。十時半送芬上十二路，余步行返。

9月25日　晨晴，下午陣雨

晨起已八時，還戀戀枕蓆。起身後至中央黨部，在胡希汾、張壽賢、奚用之室譚。十時半改造會，總裁主席，於不來者主不必勉強拉攏，如孫哲生等，不如聽其另行組黨，又曰總裁於代表於中央委員皆需有最後決定權，又新增設七至十五人為本黨指導委員，以置元勳碩德年已在七十歲以上者。余曰不如云黨齡四十歲以上者，如是則六十八、九之人皆可包舉。又設顧問，總裁謂不在本黨者可請其為本黨顧問，顧非安置中央委員，已任過中央委員者不叫他做中央委員，不明白大體之人鮮不失望，此種做法於新生前途有礙，慎不可為也。十二時一刻會散，余歸飯，飯菜均佳，即至陳家午睡，既而天雨，閱顧希平案判決書。三時三刻食泡飯、臭蛋，乃至中央黨部修訂總章，讀整一遍即至雷家飯。

遇張篤倫夫婦，即以停止黨權處分告之，伊約吃銀花菜，云是西昌美品。九時回寓，浴後即睡。

於雷家見糖業手冊十餘本，係新印者，裝訂頗精，惜字太小。於夏祖禹處見曾國藩日記摘錄本，選擇頗精。

9月26日　雨，向午晴，晚又雨

晨天暗，七點半尚未明，起身後閱雜誌，金銅月刊載確字敘名之近代四名人，首列陳季同，係馬尾船政前學堂第一屆製造班畢業生，留學巴黎大學專攻法律，嘗節錄紅樓夢譯成法文，中歲潦倒，抑鬱以死，所娶為法國人，生二女，長槎仙，次班仙，皆通法文，班仙尤倜儻不群。次述馬建忠（眉叔）係湘伯之弟，著馬氏文通之外，又著「適可齋記言記行」，中東戰役之後，李鴻章解組，眉叔閉戶著書，曾納上海名妓為妾。餘二人為嚴又陵、辜湯生。九時至立法院，遲至十時足人數開議。關於廣播收聽費取消仍收照費，已收者報明年度列預算，余主照審查意見通過，結果仍付討論，多聽了許多言語。十一時余出購火腿，遇奚志全。歸寓飯，飯後臥，臥起至冠生園舉行蘇松太同鄉月會，丁治磐主席來講吳人之讓、吳人之勇，民氣易動，又講建立嵊泗縣之經過，謂海洋面積收回黃龍以後更大。次日本歸國之嚴武嬰講日僑、日男女民情及日財閥祇圖生意不問是非之可憂。四時半散，余同陳太太回寓取火腿、奶粉送碧子，碧子所生男甚美，請余命名。又還王豐穀短衫及書，同鄒敩公、姚志崇飯前後打牌各四圈，朱鍾祺當包無數，堆成小阜，云近日不起價，尚需等待。余翻尋一過，未得合意者乃罷。歸時得喜蛋一包，啟視之中有紅布包包紅雞子七枚，紅布包殆台灣土風也。

9月27日　薄陽霏雨半陰晴

　　晨覺腿肉在外部微酸，當由受寒而然，粥後假寐。戴天仇來述台中監獄作業情形及其各人到台後購廈門街出售得資生息，尚過得去。伊此次來住袁永錫家，袁妻自入錫口療養院後冷水洗浴，生頭蝨，歸寓一次，病復發送往錫口，求免者屢，極可憐。既而黃廉卿來，余還伊旗津所借之汗衫。出，至中央日報述下午三時恐不能到，即至中本購送林成根娶謝胳衣料，趙耀東又決意奉贈。遇陳惠夫、汪徵慶，惠夫以中國新聞登載正大破產，中央信託局、台灣銀行皆因不明法律受損失，該雜誌指為損及國庫，而港口司令楊虎（天麟）五女婿周力行又違約將向日本將未運到之木材退去，致債權人一無著落，於是大譁。惠夫云遠在日戰勝利之前，同學聳余赴貴州從政向吳鼎昌學習，筮仕得惠水縣長，同人曰欲在任廉潔必先有經濟基礎，因組正大公司，推惠夫為委員長，任罷百姓皆曰陳縣長自外匯錢來用，與別任確不同。用錢之最大方面為維持幹部贍家，幹部之中正大台灣經理徐崇文則為南京平民質庫之經理，而季璞則為葉秀峰之大將，其人不佳。惠夫離上海，王艮仲以正大牌照並黃金五十兩交惠夫來台，徐、季慫恿經營正大，正大不振之日亦即立夫離國之時，惠夫堅欲維持正大，四出借貸，受困之深，乃因此故。余在張百成房飲酒，惠夫懊喪欲絕，余曰正大之建立用以養廉，結果則在經營無方，此為知有甲弊而不知乙弊，到台後徒以救濟失業而用人，不知是等人原不可用。出，至文獻會觀孔子聖跡展覽，林慮侯狄黑搨本有作狄墨者。飯時歸，又飲秦啟文高粱一盃。飯後臥，臥起至中央日報開監事會，因余有會，提早於二時開。蕭云整頓社論、縮短應節文章、減少連日登載之稿，倫敦泰晤士報及鈕約時報皆轉載近時本社社論，余因開會時早，寫一意見條，有：

（一）張伯謹在日編輯月支美金二百元，如有實際工作則數目
　　　照舊，改以日金支付。

（二）士林疏散廠房以一氣呵成為佳，勿改變計畫。

（三）長期廣告可每月分兩次收取。

　　黎世芬送余，則云台北只有比例美金之日匯。余至中央黨部
開紀律委員會，語林佛性以三事：

（一）法官被控，先派部中人一查，得實再付偵查，勿動輒偵查。

（二）司法下級人員多調動則可免人頭過熟之弊，宜聽最高法院
　　　院長為之。

（三）關於經濟案，非徒司法單純可理，部中宜請顧問研究行政
　　　方面意見，人民痛苦與商界經常解決慣例皆宜參考。

　　佛性以為甚好。紀律會有三、四案須再調查、審查者，餘均
通過。散會余歸，以紅蛋紅布袋贈明孫，即至狀元樓參與林成根
娶謝朌。謝台灣人，適河北保府商人售地毯者，其人發財二十萬
遺棄此女，女有身待產，成根無子且云精中無子不能生育，四日
前決取此女。女父亦初選省參議員，已卒，女遭商遺棄，女之親
串向商索得五千元朋分，又覬覦女身，俟其產後將謀出售，成根
娶之蓋救之也。女二十歲，健實端重，惟尚須教育之耳。余於席
上飲紹酒五盃。席散至王家觀打牌，錢家觀藕兮、馨斯趕製黃曰
昉嫁時被枕，余拉二人及王敦美送上六路車。

　　劉孟嘯來邀中秋夜飲，廿五日以片來，並請秦啟文，啟文與
余皆應別約。今午李向采來，余辭李招，並請李謝劉約。孟嘯於
余午睡時又來，伊念其祖父及父，祖父年九十有六矣，對余極
好，余亦念之。

　　張百成云陳含光先生又因躄入陽溝傷足，兩月未出，殊念
我，謂君武是讀書人，不像做官更不像黨人，陳先生大約以葉秀

峰式為黨人，則我確有別。章行嚴先生原為黨人，評余詩則云黨氣太重，殆是離黨之論。百成案頭見黃姓女攝影及書札。

9月28日　晴

晨丁溶青來，知其女未能考取美援會打字。鄭明、鄭怡來，同往梅龍鎮干絲、菜包並麵，陳嘉猷夫人亦來食點，對座遇陸孟益，正候黃小堂來食點，小堂尚未到。九時半至中華書局，拉邱梁同志崇、再壬同車至臺北站，遇秦啟文，同乘汽油車至鶯歌，過樹林後再過山子腳一站即抵鶯歌。自車站沿台車軌至鐵路懸空橋，至中正一路西鶯里 185 號即抵周汝文孫伯顏寓，孫夫人自晨五時即至台北購菜借碗、購水果、購茶，極辛苦。房為門口一屋，以板壁格一龍，稍可放牛車三輛，板壁內周、孫各半，周外孫內，孫有後窗各一麻將桌位。余內急，周先生引余後院，吳允晃娶雙林劉氏，布置殊佳，屋極風涼。出，見轆轤井，極深，水味平常。余等往游三峽，周君自車站雇台車二乘來，余與邱紹先奉陳太太，姚志崇與孫再壬在後一乘，招搖過市。至繳捐處索每乘六元，余等棄之，略行數步又遇一車，五人合乘，來回每人二元稅捐，每人來回四角在內。自鎮北行，過溪橋三，陳夫人感快速風涼，沿途有樹陰處極適。至三峽鎮，有初級中學、平民醫院各一所，醫院內有嬰啼聲，過此為大有山麓，另有台車道上山，須四時運煤。余等至新天主堂對面人家借茶盃喝水，又上老教堂側沿台車軌行，見一木瓜樹結瓜壘壘，時已十二時半，乃回。路上見紫槿、紅弔鐘、紅小柿子樣之野果，心意歡暢。遠望車站，北山上有一石形似穿山甲者，蟬伏山半，諸人均詫為奇。歸孫寓麵，周君供客雞湯，孫君為余備嫩豆腐，極殷厚，飯前並食柿子，飯後柚子。在孫房打麻將一圈半，至車站已不及趕二時五十

分之汽油車，候三點三十三分慢車來，坐龍頭後第一車，風來煙煤不大，再壬入睡，紹先枯坐，余口占二首云：

游鶯歌三首
車廂書所見
跨州連郡山無數，望久對山如面牆，
喜得秋苗蘆遍野，白頭酣舞接蒼茫。

坐台車赴三峽
軌橋幾股粼粼水，水底清空不見山，
靠岸白雲邱變塹，台車已落水雲間。

木槿花繁樹淺緋，舜英比美（豔）趁朝暉，
會心纖底偷微笑，究竟不如人紫衣。

　　下車，自萬華站驅車至寧園，笛聲已起，聽佳期、酒樓、梳妝、跪池等戲。陸佩玉謂有女傭房一間可安文耀，文耀仍以為有鄰室電話、外街汽車聲不宜靜養，浦逖生勸以自尋解思之方，或尋嗜好或做娛樂，文耀皆以為不能，語我云不能再延，延則不救，台北豈無一靜房之理。浦君云上仙公廟靜室，余亦以為不妥。六時至連雲街 32 號呂松盛家，春星做菜尚可。俞俊民云張乃昌將與楊姓女婚，周賢頌母今日已火葬，卒前與媳甚協。春星云張姱窮，幾乞討，張夫人、崔震華將往香港，春星亦擬隨往探周世安。九時余返，浴後即睡。

9月29日　晴

　　早粥即食臭蛋，糞亦奇臭。八時半至中央黨部參加紀念周，汪公紀報告日本人民心中仇美，對共產黨以為不可怕，對中國確有愧悔心，在四強中、在亞洲各國間均以對中國為最好。其生產量已恢復戰前舊額，而銷售地區減少，急求出路。人民自尊觀念加甚，而戰犯得赦之重光葵等皆云美國糊塗，上次大戰誤北進而為南進，係上了共產黨的圈套。日本女子與美國兵交好，每年收入為兩億五千萬美元，僅□□飛機場旁之日本富有美金百萬者計十餘人，私生子七年間約二十萬，其中黑人所生膚色為咖啡加牛奶者約一萬五千人，其中及學年齡者入學，日人以為可恥。九時畢，余送鄧孟碩往永康街，得見其夫人樓霞謝氏，其父鴻燾著有淡廬詩稿。稍坐即至陳嘉猷家，知昨夜十二時方返台北，芬打牌輸贖粉紅五子，嘉猷收復失地並告勝利。芬留飯，余未可。飯後閱王啟原曾國藩日記分類摘要，序云國藩供職在朝十四年，其日記曰「茶餘偶談」、「過隙影」半散佚，其曰綿綿穆穆之室日記，每日以八事自課，亦僅有存者，咸豐初載由衡州治軍，東征克武漢、戰彭湖，入守章門，凡此數年隨筆記注均缺乏，無從檢尋，惟自戊午以後迄於同治壬申二月易簀之日則完全云。辛未年十一月二十二日移居兩江總督，新衙門張燈，船游秦淮則為是年六月初八日，游玄武湖則先在太平門城樓遠眺，入神策門則至妙相庵游覽，今日皆做不到。又丁卯年某日至清涼山看新修之翠凝亭，覽觀形勢，記云金陵城實太大，西北閒地荒田太多，若將城縮小，由雞鳴山起至鼓樓，迤南至小倉山，順蛇山之脊以至漢西門，當不滿十里，而神策、金川、儀鳳、定淮、清涼五門均割截於城外，局勢當稍緊耳。其計畫亦合。五時出門，至凌家食柚，送凌太太至新世界晤何子星小姐。余走衡陽路，轉入中本，同張

百成啜茗、飲酒、談詩，以車送歸。陸祐湘來取信，有兩張生欲入強恕中學，云洪叔言尚好，擬遷入舊居，當較為寬大。余與商文耀住室。六時秦啟文來，商公務員不能兼任發行人及編輯，暢流如何，余主教黨部辦。六時半至沈善淇處，問雷燕珊所商教余向沈善鋐寫信對否，在沈室遇壽賢。余至蕭自誠宅同嚴靜波、任顯羣、浦逖生、黃少谷商中央日報免繳贏利所得稅事，蕭夫人陪余等飲，食南國菜二道。而余至鄭彥棻參與宴請汪公紀酒席，馮宗蕘、張震西、趙君豪、張九如、張壽賢、祝秀俠、周雍能、黃天鵬等均在，均祕書處舊人，極樂。乘車歸，已夜十時。

9月30日　晴

　　晨粥仍移碗上樓，偷食一臭蛋。九時前黃曰昉來，持柬請余證婚，伊送余至立法院。余上樓領十月薪，並有中秋節借支三百元。開議時黃國書主席，財政委員會關於營業稅請省定起徵點報告外，討論新聞局組織。十一時返，林棟約於明日十一時到寧園訪余，約余吃小館。歸寓後祝毓來商會中事。飯時有臘肉，飯後至中華書局，知伯顏休息了一天，其子又病。余至陳嘉猷家，俞康夫人在，余不能中睡。同晏、俞、陳打牌八圈，姚志崇亦來打二圈。回書局，財政廳轉來經濟部照為准予登記令五千號，取消中華書局台灣分公司，變為設字第一四九號執照台灣公司，資本一百萬，糾紛一年餘之案今得解決，頗以為快。吳亮言送余至九路車，談邱紹先月入二百七十元，借住中華書局，時與志崇有氣惱。余至鄭家飯，飯後坐天井談天，味經夫人於抗日時在新塘市開西全順萬記做糧食生意，自雙鳳、沙頭運米至新塘，婁塘一帶人來購，新塘為集散市場，亦曾為日本人名捕，賴繙譯張某保護，否則同王兆頤同案被殺，其時鄭明助母甚力。八時至中央

黨部開改造會，討論大陸工作大綱，十時始回寓，今晚天氣略回暖。

昨汪公紀云書道全集一部約值美金五十元，伊帶回一部，為尹仲容借去。

今日晨間李徵慶來送反共史事詩，余為寫封面，尚有精神。下午過中華書局，得南京陳立峯民族正氣文選，余所寫書簽印在下冊，墨色過淡，字亦拘謹，毫無是處。又余閱王季烈螾廬曲談，頗愛羅振玉篆書題簽，題署以篆書為正宗，余擬習之。

王觀海來柬，約十月二日中午金門食堂潮聲詩社中秋小集，又有張沅耀、沈映冬、陶壽伯約二日下午航業俱樂部舉行觀蝶聯吟會，展覽十彩巨蝶標本，亦有酒吃。

曾國藩日記云，凡睽起於相疑，相疑由於自矜，吳氏謂「合睽之道，在於推誠守正，委曲含宏，而無私意猜疑之弊」，又切戒對客有怠慢之容。又云尋樂約有三端，勤勞而後憩息，一樂也；至淡以消忮心，二樂也；讀書聲出金石，三樂也。又云老年讀書如旱苗，業已枯槁，而汲井以灌溉，雖勤無益。

10月1日　晴

晨起身，東方初露光，擬出游而開門、倒水之人均遲遲，余乃放棄凌晨出游之念。侯佩尹來問稿取息，余同伊訪章鶴年，未晤，擬問暢流今後編輯事。同到起士林購麵包並丁溶清月餅、凌銘黑奴，託佩尹帶交劉大悲夫人。余至立法院參與內政預算財政三委員會聯會，主本年度台灣省專賣收入仍應依法編列預算。出，至立法委員黨部，知小組長已推文羣。出，至永安得毛線衫一件，往贈鄭味經嫂。又至復興書局，為朱鍾祺取名為「為軍」，取息。王豐穀託為幫高明強入境，囑余函香港時報經理卜青茂，託其致函陳仙洲疏通。余歸未久，林棟率妻清江□氏、女汶沂，同余梅龍鎮飯，對座為李超哉、任千里，余同二人飲酒。出，乘十二路至陳家臥，臥起同瞿沈行田塍間，有一水蕩蘆蒿，余等過對岸乃回。姚志崇已來，打牌八圈，今日陳夫人煮豬肺、火爪甚美，兩次吃柚子均甜。九時歸，彭利人夫人來贈柑及月餅。晨金秉全來同啜粥，得劉象山書，晤余談不久，覺意緒索然，又言孔鑄禹在香港無以自存，望余贍助。

10月2日　晴

晨分送來禮物與洪叔言及陸七娘娘。葉寒之送來總裁節賞，當此公家困難之際受賞，極愧，寒之亦攜洋點一包回去。余至中央黨部後復至趙耀東家，耀中已遷至溫州街，郎姨妹將於今冬出嫁。十時改造委員會，總裁主席，討論總章修訂草案，余僅贊成總裁青年黨員之提議，並謂自許可入黨至發給黨證，其中可定為自半年至二年，精密考察，隆重宣誓，使入黨者覺得嚴密，自然收效。總裁今日請研究黨名是非可改，政治上可以兼容並包，黨則必求單一，諸君萬勿再誤。羅家倫主張黨名改為中國民生黨。

上官業佑則云黨員從政以後不從黨，黨部是藤不是樹。又問黨的組織何以不列總章，總裁以須祕密答之。一時散，余歸寧園，以臭蛋過飯半碗，又至金門應王觀漁潮聲詩社中秋宴，翅席三桌並飲威士忌，有侍者名秀琴，面目團秀，惜身體不佳。二時至中華書局略睡，同邱紹先、瞿沈芬乘車至新店，車上人不多且風涼，過景美有流水更美。至新店，余走堤上，芬不敢。余至羅大固家，大固病足，前次云造屋之處僅鋪成水門汀地兩方。下山，在橋邊怡台飲茶，紹先述姚志崇欺人各節，余與芬解勸之。返台北，余至寧園，芬與錦姪晤明孫作笑。六時半赴廈門街九十九巷觀大蝶，文人雲集。余為沈映冬寫小冊以游鶯歌詩，李漁叔、許君武、張默君、阮毅成均云佳。晨在會場，余與秦孝儀讀此三詩，孝儀評曰牆、山、暉、衣四韻皆絕唱也，拜服拜服，微笑一句尤風趣之至。張默君又說字寫得好，阮毅成云在重慶寫中央黨部夜草坪詩，攜歸僅二月即告勝利，求余再作書，余曰緩緩寫之可也，此次不會數月後即勝利。飯時飲清酒，食流動餐，吉荓所送明蝦已腐。九時返，不及赴改造談話會討論本黨建置。今日午宴薛大可云必需做詩，夜集以彩蝶為題，隨便做詩。外交次長胡慶育能詩。

10月3日　晴　陰曆中秋

　　晨處理禮物，送來以月餅居多，隨來螞蟻。余整理行裝，又寫紀律會工作同志考語。入晚知為簡拔案，余簡祝毓、胡光炳、林潤澤、林成根四人。黃曰昉來，貸以金。十一時至中華書局，為時尚早，入理髮館理髮。到向采寓，方覺慧幼子先吃飯，藕與腸湯，腸一吃便無有，為之心慘。嗣在路上逢孫秀武、方肇岳，余拉秀武游新竹，秀武云有考試不空。入中華書局飯，有血湯百

葉，百葉已泡爛但味仍佳，另有燜蛋亦美。飯後至凌家打八圈，而姚志崇先去，余主包陳、孫兩太太各半，結果余本身無勝負，包處皆輸亦祇數十元。至中華書局夜飯，何子星同座，祇火爪湯佳。隨至車站乘夜平等，以十一時到新竹。陳石泉得三分局電話謂余九時到，候余吃飯，余入門，伊夫婦及女明任在門口看月兼候余良久，方入內室，余睡外房。自板橋過後初得明月，至睡時月色明潔，在枕上吟詩一首。

四十一年中秋

四度中秋矣，	漂流在異鄉，
鴒原初灑淚，	鸞鏡半難藏；
（長姊之喪逾周年）	（髮妻匿跡南京市）
思復朱顏黑，	行吟白髮蒼，
夜深往新竹，	有利亦尋常。

10月4日　晴

辨明即起，走中華路尋王雅，其鄰居周太太為叫門，雅房內有臥地鋪者二客，一為其表弟羅君，台興機器廠工程司，寧波工職畢業。雅款余桂圓湯及黃巖粉絲。余至南門外土城里，於廟前遇韓君，已改空勤，廟正在整理中，足證民力漸蘇。入項蓉房，本月將產，已雇一半日女工。同蓉至陳家候明任，請裁縫改其母之出客衣裳，擬帶往美國。余等出，雇三輪二乘游青草湖，石泉攜女余攜蓉，遇上坡則下車徒步，下坡余當心蓉震動太甚。近廟處路略平，有赴雙溪之公共汽車，行駛至靈隱寺，僧六人正午課，塔門開放，僧在諸葛廟為亡人設位上供，塔貯骨灰匣，有空軍於八一二機觸阿里山死十四人，其中有某軍人為射手，常至蓉

所住村照呼亡友之寡妻，情逾親夫而防嫌中禮，一村男女皆稱其
為人，亦死於是機，於是蓉幸朱世楷未改空勤，而韓君則已改，
其家人不無心悸。余等出後園，見尼僧採柿，余休於石磴，午風
入林，諸人皆稱快。又至小庵前採含笑花苞嗅之，作香蕉蘋果
味，又在寺前攝影，余在客室對梅川居士遺墨悲傷久之。一時返
寓飯，下午同濮太太、王漢生打五番當莊自摸有利之麻將，頗為
氣悶。既畢，洗足登床，幸得熟睡。

10月5日　晴

晨起早粥，冷蘿蔔絲、臭蛋、麻油豆腐皆美。隨金嫂往西門
及東門市場，余購蒿白、紫薑、橄欖菜、檳榔芋艿及豆腐衣，一
籃裝滿。過濮君小鋪，曾入內吃茶，伊媳孕，伊女隨項蓉補習英
文。歸後飯，以鯽魚蘿蔔絲湯為佳。飯後同王科長、陳粵生夫
婦及濮太太打算小和之麻將，余小勝。七時夜飯畢，即同項蓉、
陳明任、朱世楷至車站乘平等號，上車為韓非非留座，非非為台
大三年級文科生，余與談笑。余遇滿洲人景嘉，基隆港務局祕
書，託以潘時雨事，伊謂復職難，別薦一職較便，但無棧埠科之
待遇。景君旁坐羅漱溟，謂余為丑輝瑛所書之條伊送去裝裱。余
尋不見余書「大家遵守秩序」之鏡框。余旁坐張克敏，為余提菜
籃。出後車站，余歸浴，寫三日來日記，胸膈間微有異狀，是否
打牌緊張受傷，後當戒之。車上所飲茶有野生味，為延平北一段
九十一號匯峯茶莊出品。

姚振先來拜節。余天民四日來，云迭訪未晤甚悵。毛震球五
號來，云奉派往馬尼剌參加聯合國主辦之機械伐木訓練，下星期
六離台，均未晤。

惜堅齋近代名家書畫，入門有未裱之墨松細枝四幅，署湯

滌，一望是偽。另有定之先生山水濕筆一幅，八分書琴聯及小方老松一幅均佳。畫廊布置殊疏落，張穀年畫展余於布置時往，嫌掛得太密，有著墨不多之兩幅佳。

中秋又一首

明月照山海，山醒海倍明，
佳節形更隻，歡少愁交縈；
有照萬物備，無翳九天清，
低頭重苦念，何以遂民生。

許世英致函謝祝八十生辰

秋風鱸膾，正懷雲壑之思，晚菊鬖鬆，敢荷廟堂之寵。迺以賤辰，渥蒙雅愛，既勞高躅之親臨，復荷隆儀之見貺，指九如而諛祝，宜百拜以恭承。款接未周，悚惶曷已。世英脩能埴薄，笑馬齒之徒增，述作才疏，哂蟲雕之奚益，尚乞時錫箴規，俾資韋佩是幸。專此奉謝，敬頌台祺，諸希荃照不莊。

許世英敬啟
九月十九日

10 月 6 日　晴

晨醒尚舒適，攜新竹所購菜贈陳嘉猷夫人，伊方起身。略坐即至中山堂聽駐韓國使者王東原聯合紀念周報告，云美國死傷十餘萬，戰為被動，和又不可，俄國乃以孫臏以下駟敵上駟之法，當時一不勝而再勝，今美國徒為初勝耳，又有人作諺云「中國人，韓國地，俄國祇出破兵器」。散會余歸，摺補十行紙。飯後至侯佩尹處。三時參與中改會，排議程時出，至鄭家飯，有酸菜

湯。出，至陳家約明日飯，芬送我洞庭湖茶社，得三輪車乃歸。
洪西恩在東門國校服務，頗為滿意，今夜七時五十分來謝。馬寶
珍五號留字，云「沙頭雲老先生囑致候」，疑是汪景雲老伯。

10月7日　晴

晨黃曰昉來，同伊往中華書局，問周君已為辦好煙酒否。同
上梅龍鎮吃鹹菜蝦仁麵，余即往立法院小坐。至中改，參與人事
審核各單位簡拔人員及黨營事業簡拔人員，諸人看看熟悉，代表
大會後再議，散會。紀律會上官俅同志為余言，有機會時在外面
提拔。余至永安，為項蓉結利息，周亞陶存款。出，遇夏敷棠拉
余萬象，觀日本影印聖教序、廟堂碑，及文徵明、董其昌諸帖。
日本書家與中國名帖合為一峡，不可分購，真是推銷妙法。余至
台北賓館參與改造委員結束宴會，諸人候辭修來同攝影，曾虛白
來再同攝影。同入席，中國菜二席。散席余至俞良濟家，良濟晨
間尋余未遇，為明日午後項馨吾、朱佩華至伊家小敘，約余亦
往，余往說時間須在六時之後。伊邀今日湊一腳，有朱、李兩太
太及良濟夫人，同打五十和底臭一色雙臺者，良濟夫人勝，余與
良濟合股亦得微利。中曾到立法院，舉謝建華為經費稽核委員。
夜飯就陳太太處，伊又做蝦餅、清蝦喂余，真是不安。今晨在黨
部報到攝半身影，在台北賓館曾攝一全身影，又同張道藩、羅家
倫照一次，又同鄭彥棻照一次。辭修笑囑余攝影時須合攏上下
唇，蓋譏余齒豁也。下午中改陽明山有會，余未往。

10月8日　晴

晨丁鎔清來約外出早點，未允。經濟部已自鄉間遷入市區。
余覆范望（幼博）書，范云徐庭瑚曾往伊家。余覆凌銘謂華壽嵩

得任顯釐託，仍限於事實，允緩日為之相機設法，余囑凌銘耐性以待，而再函華先生請早為設法。余又致劉象三書，謂近心緒不寧。九時至立法院，參與省縣稅課通則審查會。余請財政部說明是案何以必要成立，起草時重點何在，已討論而廢棄不提者何事。經說明，重點在第二條此法施於完成自治之省縣，台灣省及各縣市算完成自治乎，又地方自治通則尚未通過，先通過此案有無窒礙。本日經濟部說明者為青年黨張□先生，司法行政部說明者為□□□，此人口齒甚老。十一時余返寓，去時奚志全以三輪車送余，回時包小姐來尋其表兄邵家堃，同飯。飯後戴恩沚來，云將赴花蓮，求余向施復昌索新房。二時余尋鋁箱鑰匙不獲，極煩燥。二時半紀律委員會開會，余囑已通過者即送改造委員會執行。四時至會賓樓，五時半孫德昌娶黃曰昉，余為證婚，十嚴丈燃花燭，探斗走慢步扶新娘，輝羽、輝窿、輝廯皆在，惟廖南才送四十元，遣一女來賀喜，至親間不宜如此。曰昉之父名守鄴，嘉定黃氏六房小弟，在津浦路洋帳房任事，患肺病致卒。余與大房守恆、守孚相識，與孚更相契十四年。自法歸，與守孚、朱孟豪、徐羲青在太倉徐宅，四人合攝一影。十五年夏，余自鄉入南京江蘇省長公署，守孚為秘書長。天陰，辦公室燃燭將完，余問入粵乎，孚曰彼處新點燈，此間燃燭將盡，君宜入粵奚疑。國軍定江蘇，余曾舉守孚宜任民政未成，□年卒，余惜之。此番余出資助曰昉，半為錢馨斯守節撫孤，受人欺負，半為答黃兄之相知也，酒席尚過得去。余先走至俞良濟家，同項馨吾、朱佩華、徐炎之夫婦飯，飯後八圈，十一時同馨吾同車返。伊云近在友人處見日文笛譜中有笛與鼓合譜，中有喜遷鶯、黃鍾、大石等調，必為中國古樂無疑，惟不之識耳。

10月9日　晴

　　晨往立法院，請蓋大印於俞文淵保單，順在老大房購巧克力一長方匣，以贈俞氏姊妹，皆喜。戴志鈞同志來求司法界事，求余向林佛性說之。余自俞家出，探王洵端，尼服自日本購黑橫羅，面不膏飾，謂住房不吉，非死即病，向余淚滋，余安慰之。至台大醫院，吳稚暉師方起小溲，謂余即將大解，隨即解黃糞一堆於地板，顏色甚正，小溲則甚少，但飲食甚好。師云不大便醫生用方法，自己會大便則無設備，似脫了一節。師清坐約一小時，聞石曾師將到松山機場，枯坐以待。余請其休息，未允。十一時馬光□來，同至同慶樓麵及包子，包子三枚給司機吃，祇用八元半，比江蘇館便宜甚多。至松山機場，劉塵蘇、徐次辰、吳禮卿、王亮老夫人、李玄伯、宗侃、汪申、劉大悲、陳國榮、侯佩尹、樓桐蓀、周賢頌、齊□、李韻清、謝瀛洲、馬壽華，約一百人來迎李先生。十二點十分到兩飛機，石曾先生夫婦未到且亦未見，陳通伯更未見。次仲來接余歸，入台北賓館，總裁入門，余以李先生未到、吳先生興奮告。余知劉汝明總裁已准其列席，惟立院舉出之湯汝炎則不許出席，總裁謂湯曾靠而未攏也。飯時祇一湯、一菜、一布丁、一紅茶、一木瓜，以木瓜為最佳。總裁以大會前夕，徵求評議委員有何意見，錢公亮說了一段好話，餘人均未作聲。丁先生鼎丞坐首席，于先生右任次之，張其昀、周宏濤坐於主人席。飯畢攝影，余坐張默君車至長春路大便午睡，陳夫人為槌胸，三日來胸膈不舒。醒飲檸檬水，食柚，天炎熱。四時同擬入國際坐冷氣觀王子復仇記，以時間不合，改往大世界觀逃犯經洪流、歷雪景、鬥狼群、棄冰橇各節。出，電話向雷夫人請假，同梅蔭入顧家館飯及鍋貼、包子，兩人祇吃十二元。歸寧園，得錢元龍自新營託郭酌山帶來之小瓶高粱酒一打，

謂酒味如不惡再寄，並云本擬向布袋港購紅蟳數個贈余，因時促不及。出，至三軍球場參加戰鬥晚會，以海軍旗語操演及寶島姑娘為佳，擴音報告員每題說到時需口號亦嫌太多，陳夫人看了滿意。十時余歸，覺倦，李家瓊以余歸寧園時來訪，得晤。

10月10日　國慶令節　晴燠

晨五時起身浴，寫日記畢。天明出門，遇張知本車，其孫來呼同乘，其六男駕駛，其女同往。至陽明山停車場，已停一半車，余入膳堂粥及麵包。八時七次全國大會開會式，總裁主席，為總理、先烈及死難同胞靜默時，余悲傷，總裁淚盈睫間。余遇李石泉師。禮畢，乘夢麟先生車入城，在其德惠街寓小坐，先生云我國人思想是科學的，習慣是反科學的。九時至總統府前，余坐第三區閱兵，遇陳通伯，紅顴瘰嘴，老矣、老矣。余俟總統巡視車返，乃步回寧園，讀禮記王制、鄉飲酒、內則。以起身過早略臥，飯時有白菜湯，飯後又臥。兩時半乘三輪往朱鍾祺家，五時同鮑、朱兩太太、王豐穀打牌十六圈，豐穀一人獨負，十一時返寓。

10月11日　雨

晨整理行裝，候車來，送米油鹽往李向采處，云上次米佳。余約伊家人上草山浴，車過士林，余攜暢流第近出版之一期登「秋蘭氣當馥」贈侯佩尹。至陽明路四十二號吳稚暉先生寓，安頓行李於先生臥室，即至預備會場。方討論議事規則，黃季陸主刪必要時得舉行反正表決，吳望伋辯之，總裁云不要把立法院一套搬黨裡來。又定主席團秘書長、副人選，乃散會。余遇京士，前在台北賓館，余謂上海須派一人，總裁派了京士。又遇施復

昌，俞飛鵬不能來，復昌補上。又遇吳望伋，湯汝賢不許出席，
補吳君。又遇劉汝明，問余誤會之起究因何故，請余探明，以便
辨正。余坐立法院同事房，聽楊繼曾講英國有噴射載客機二架，
亦祇有能駕駛此種飛機者僅為二人，朝發倫敦，至羅馬飯後游
玩，歸倫敦夜飯。某日一機出事，駕駛殉，其翌日第二機仍起飛
試驗超音速飛行，第一機出事時，其機翼紛散作樹葉落，不知由
於超過年齡而致然歟。其他關於英國製超飛機及其他科學仍居
領導地位，是大英帝國沒落而英國不可輕視，至商業牌號仍注意
歷史，動輒與政府往來百餘年或數十年，雖有利政府亦不直接經
營。次講西德約四千五百萬人，人民日眾，科學家日多，從前東德
以機器製造者製造之機器已為蘇俄攜走者，科學家徒手至西德，
先造機器，後有出品。柏林有二佰萬軍隊為蘇俄運走，其中頗多
科學家，不知何往。又在維也納亦自美國人手中交蘇俄人與物資，
故德國人對艾森豪威爾甚恨。說畢余至台灣同志房為林東淦寫詩
一首，隨偕袁雍入研究部，在李壽雍床上留片，至通詢部說笑，亦
寫詩一首。十二時在飯堂飯，後回吳寓熟睡二膇，李石曾先生來
看房，鄺先生不在寓中。余至第一次大會會場，黃季陸主席，張其
昀黨務報告，祇孫玉琳問整肅案何如。五時散會，余至新國際樓
上，同黃仲翔、王元輝、常德普、陳博生、羅才榮說笑，赴飯堂
夜飯後歸房中，風大，吳先生做木屏風圍臥塌若小城，有確當理
由，前議先生不要新鮮空氣，誤解之至。余歸未久，秀武、向采、
方岳、蘅、錕及王培禮冒雨上山就浴，來時係搭中央黨部車，至時
已無歸車。先飲酒，食露菜，次各人入浴，培禮向管理局友人借來
厚、薄被各一、毯一，來時攜來毯一。毛嫂翻稚暉先生棉袍，秀、
采睡鄺床，餘人在小房並排豎睡，胡亂度夜。

10 月 12 日　雨

　　晨陳誠施政報告，略致數語後，即由張厲生代讀書面報告。我就回四十二號整理什物，搭公共車入市。比返寧樓，文耀正看趙子昂章草千字文，陳嘉猷上樓來候余，赴凌家打麻將，余開始抹數付，即回寧園。秦啟文請陳伯龍妻弟新娶其妻自貴陽帶出之女傭作新娘，素面不施朱粉，陪客又有楊洪釗夫婦。十二時半，啟文命車送余至溫州街，朱了洲先生台大宿舍廳開二席，至寬，惜庭園花木不整。飲清酒，食松鶴樓三百元席，以甜包子為佳。席散，又再至凌家，四時至台糖公司出席崑曲同期。聽張穀年唱看狀之醉三醒、孫再壬琴挑、沈元雙刺虎等，即至向采寓飯。秀武購火爪不得，乃宰一雞。飯後余返凌宅結帳，十一時返寧園睡。

10 月 13 日　晴

　　晨起再攜一薄被及皮背心、駱駝絨褲，搭公共車上山，將與陽明山霧雨風濕相鬥。余鼻水流清，前朝已為所乘，正悶悶間，鄰座之人稔余，謂見余所寫瀟湘餐廳四字，問余寫李北海、寫魏碑乎，又曰四字中以瀟字為呆，余曾拉陳含光細認之。其人又索觀余詩，余約其會後星期日晨可來觀。其人幼時住宜都楊守敬家，曾見樓藏碑板甚多，又云有黎□□君湘潭黎文蕭公之孫，寫錢南園入殼。下車，余至吳寓，即入會場。聽總裁紀念周上作政治報告，詳述九一八之前蘇俄即佔海拉爾，日本進兵第二次世界大戰，乃為東三省也。論及教育，乃罵北京大學，李大釗、陳獨秀皆為教員。十二時飯，施復昌贈余酒龍東白蘭一瓶，余抱之返寓。浴後小臥，三時再往聽美州墨西哥南美報告、菲洲英尼報告均好，有操廣州語者精神甚好。余溜出，攜酒入中正公園，有亭、有游泳池，樹木新植，可供訓練人員及外賓游息。出園之石

門即為新國際飯店，飯店側即公共車站，車站對面即為葉君所曾
開館之處。尋徑往後草山，樹有牌書樹名，樹隙有亭，亭都倚紗
帽山麓。余直至陽明山公園，始見有男女二人在紅亭喁語，男有
假腿，殆空軍受傷人員。余賞玩芙蓉花、聽瀑，沿澗水踏石板，
最後至煤礦公司之浴房。浴房前添建臥室三間，客廳亦修葺一
新，皮椅美國軍毯乃總裁所以為張岳軍準備者，一海門人守之，
舊時范姓之崇明人早他往矣。余至空軍新生社飯，遇渦陽鄭陶、
臨沂王鳳麟，王為中學未卒業之青年，談澎湖山東子弟學校得為
國立事。余食客飯，飯熱，菜有味。又參觀一號房及普通房可望北
投、淡水燈火者，晚霞一道橫掛天際。步行歸，入新國際，各房無
人，乃自禮堂參加晚會，有爪哇半裸黑紗女四人側跪側立，余於巴
黎某墓地墓門石刻亦曾見此狀，祇覺悲哀，乃返寓，就天塅明燈寫
此，夜深乃睡。瀑聲外有蟋蟀節奏以鳴，天塅上時作怪響，此房不
宜一人來獨住也。

晨同車某君云將至陽明山草田中時，見彩虹垂地，為他處
所無。

10月14日　晴

晨列席七全大會，聽周至柔軍事報告，自勝利前說起，至東
北，至於祇守長春、瀋陽兩據點，至山東失而決戰於徐蚌會戰，
兵日少則漸處被動，反對徵糧徵兵為共黨陰謀之甚者。余入城，
至立法院，聽行政院長陳誠報告國防部組織法所以遲遲提出之
故，及公務員不能加薪、伊用度亦不殼各情形。十二時京蘇滬立
法委員在銀翼聚餐，到四桌，邵華、劉蘅靜、王新衡、胡鈍俞皆
至。飯後新衡送余長春路陳宅，本擬晝寢，俞、顧、莊三太太來
共打小牌，晏太太留飯。飯後余臥陳床，閱自由談雜誌，十時返

寧樓，向秦啟文借被睡。

10 月 15 日　晴，下午四時草山甚雨

　　晨乘公共汽車，湯文輝在公路局車站服務，為購草山車票。下車，自車站對面過陽明山莊，而至大會場。大陸秘密工作王任遠，及一先在太湖區後往東北之同志□□□、蔣賜福等報告，詞都激昂，又有二人未報告。下午總章審查會，余四、五次說明，有助於審查之進行。七時返寧園，何子星、程滄波請陳通伯，其弟次仲、卜少夫、杜毅伯、楊亮恭、林佛性、羅志希、張道藩等作陪，余出白蘭地款客。譚英國近情，其陶孟和、錢昌照、翁文灝投共各情形，於錢乙藜之裝假投機，諸人又述故事甚多，其人實卑卑不足道也。客散後，余借公家被一條得睡。

10 月 16 日　雨

　　晨七時起，即至錢馨斯處問八日婚事開銷各情。馨述石年丈及張藕兮云君武自奉甚儉，而能助人以多金，真是美德。余同馨至漢中街一觀新房，六桌而無窗口，亦無衣櫥，孫夫婦尚未起。余乘八時半公共車，車行較昨、前兩朝為速。余口占云：

山行
雲飛舒卷山吞吐，路遍迴旋花紫黃，
知是前途風助雨，入山願著濕衣裳。

　　既至吳寓，換衣換鞋，持傘上會場，飛雨若雪，斜風擊人，直上不能撐傘。衛兵語我轉車站旁昨日上山之路，經停車場而暴雨狂風依然。入會場，正讀反共抗俄基本論，至午未完。余同黃

仲翔、羅才榮入陽明山服務處吃狀元樓菜，陳石泉在處，另有人請李樸生與華僑梅友卓亦來飯，余飲以白蘭地。出，走福壽橋李翼中寓，伊將帽簷小築租與美國女孩，而自己修下房為住宅。余臥沙發，醒浴鐵泉，陽明山僅此一池珍泉。出，搭毛人鳳車，入第一審查室，黨章中央監察委員會總裁仍主不設，總裁一章仍主選舉維持原條文，議至六時而畢，余說明約四、五次。散會後，余同連震東、黃仲翔空軍新生社飲飯，比中午便宜一半，飯後乘車返寓。

北京大學同學蕪湖楊亮恭前為皖贛監察使，有紀行文字。如贛東紀行寫於三十一年之冬，皖南之行時期亦同贛西之行，寫於三十二年春，皖北之行寫於三十二年冬，皖中之行寫於三十三年春。余先見皖北紀行於自由談，前日伊示余他稿，簡潔可讀，錄數則於下：

其尊人殯泰和杏嶺，三十一年十月三十日侵晨前往哀展，其仲弟厝蔴埠。日人進犯浙贛，沿撫河及浙贛鐵道水陸並進，一月間陷城數十，贛東各縣陷沒，未聞發一槍聲，有之則為士兵趁亂搶劫人民。又有人云敵人未至上饒，我軍已倉皇退走，軍庫槍彈積如山阜，人民自由攜取，無過聞者。又云平日將領經商營利，驕奢淫佚，敵至則征夫扣船，涉境保帑，周寶之妓十騎，羊侃之貨百船，公家資物棄如敝屣，官無棄地之誅，將有失律之賞。

離樂平四十里，越大興嶺，高峰掩日，林壑幽深，下嶺為皤陽境。過浮梁再四十二里至瑯壚，過此入婺源境，翠峰重疊，林木菁深，風景之美，漸入佳境。而隨山沿壑，曲折取徑，山起迎面，方疑途窮，路轉峰迴，羊腸又續，至三十里而至排前。發婺源五里，過回首嶺，沿途茶花正開，四十里越汪嶺，大樹千章，交柯蔽日，下嶺為汪口。（以上贛東）

　　廣德臨時中學在柏墊，地方每日派夫五十人為學校服役，不到堵日罰五十金。有農民某以年老被攤派，七日未至，罰三百五十金，無力繳納，遂自經死。

　　永新境內亂山疊青，曲水抝綠。麥罞。（見贛西）

　　六時發邵陽，十時經桃花坪，一時抵洞口宿，行一百一十里。次日七時行經峽口，穿小石洞，經江口。十時許至枳木槽，越雪峰上，盤屈而上，漸至高層，回顧所經路線，如衣帶迴環飄揚。下山抵安江，次日七時發安江，越雞公山，較雪峯山低。十一時經榆樹灣，三時至辰谿，為麻陽河、沅合流處，頗具形勝。五時經三角坪，七時抵沅陵。自沅陵行四十四公里，至鐵山河轉小船，十五里抵瀘谿。出時乘車沿湘水，經能灘弔橋至河溪橋過渡，七十二公里抵所里。又次日六時發所里，八時許經矮寨，崇山峻嶺，路作之字形。十二時抵永綏，晚宿茶洞，是日行九十六公里。又次日六時行經黔邊松桃，入川境九十四公里，宿龍潭。次日十一時開行，經揚子坡，兩腰峰均峻嶺，五十八公里，宿酉陽。次日七時發酉陽，經大石坳，深崖萬仞，午飯於兩河口，凡一百十七公里，抵黔江。次日十二時許開行，經石門坎入湖北境，六十二公里，宿咸豐。次日六時行，下午一時抵恩施，行八十公里。又數日之晨九時發恩施，經建始飯，九十三公里，至茅田宿。次日九時行，五十五公里，經龍潭坪，越山巔陡坡直下，凡四十五里，抵巴東。

> 此線余勞軍紀行未詳，因抄錄於此。【狄膺自述】

　　經葉縣，望蘇魯豫皖邊區學院，歎曰年來吾國將領居方面者每喜涉獵政治，究心教育，軍旅之事，轉作等閒，相習成風，賢者不免。（以上皖北）

立煌至望江六百二十里，由至德至祁門公路二百九十里，由祁門至屯溪公路七十里，自立煌行十五里，經槐樹灣，越榻子嶺、鵝毛嶺，四十五里至蘇家畈。過此為三灣十八道，沿山涉澗，碎石小徑，廿七里抵蔴埠，已月上矣。

八日六時許發蔴埠，沿淠河行，青山綿延，碧水縈迴，時聞鳥聲，窅然深際，二十里入六安境。越對峙嶺，穿蠶叢小徑，欲一游水靜庵，相傳為梁武帝講經處，失道，未果。十五里經青齊飯，十里經鍋棚廠，入霍山境，又二十五里抵霍山。九日發霍山，經沙埂，六十里至毛坦廠，二十里抵毛竹園宿。十日行廿里至中梅河，十五里經烏紗，十里經河蓬子，山水清妍，十五里抵廬鎮關。十一日行十五里越老關嶺，十五里越武嶺，峰迴嶂裡，林壑蔚深，二十里抵桐城。

離桐城四十里，宿青草塥，十五里經玄（元）壇埠，廿里至余家井，望天柱峰峭拔矗立，高入雲層。

在潛山聞某剿匪部隊紀律甚壞，搶劫勒索甚於土匪，故有目清鄉隊而為傾箱隊者。又為冒功圖利計，竟責令每保攤派土匪兩名納款自首。號稱剿匪之部隊，竟課人民以土匪，誠天下奇聞也。

淪陷區縣長多視同雞肋，然販貨走私有其便利，不必重斂虐民，亦可致富。

壬申占又名香草鎮，背岡面湖，旁帶長河，居民數十家多業漁網罟，間設小舟，出沒於煙波中。

10月17日　晴，山間仍霏雨

晨在陳凌海夫人處啜粥一盂，到會場討論總章，總裁主席，午時通過。在會場余得蔣賜福君帶來丁振武九月廿六日所寄古

巴錢夾一件，振武由河內一調祕魯，再調墨西哥，又調荷蘭，三十七年底奉令調部。外部員司扣發其應得美金二千餘元，幾經交涉，不惟不發耳，明令免職。現流落古巴，在中華總會館建樓委員會幫忙，外交部雖令回台候差，並無給予職務誠意。余在飯堂飯後，以審查會已畢，下山尋樂。至長春路同梅蔭走中山東路購韭，乘車回陳家食之。飯後倚枕閣自由談。九時坐車返寓，工商協會招待僑領，演話劇旗正飄飄在鐵路局禮堂，余往助束雲章招待，話劇演至十一時。余得張伯華電話，謂明日選舉總裁簽名冊上請做一文，余歸寓作一籲進詞，至三時始上床睡。

10 月 18 日　晴

晨起身甚早，持稿與楊佛士閱之，佛士一月前小中風，入台大醫院治療得愈，今得為余是正文字，余極歡欣。上車，余並送請傅光海閱之。到會場，知洪蘭友已有一稿較短，余文張曉峯閱之，謂大處落墨，允抄謄後還余原稿。余回吳寓睡，蔣碧微來同游中正公園，李自強為攝影。又自派駐所後，過瀑布溪上坡為新園街，濃蔭靜徑，非常有趣，有櫻花頗多，春景多麗，兒童有到此採薑花出售者。余至山後姚家食餃子，後至錢家候秦、李來打牌十二圈，十一時返寧園睡。

10 月 19 日　晴　星期

晨丁鎔清來，請往梅龍鎮早點，遇姚志崇為付帳。入大都會理髮，瞿梅蔭來，同往凌家打牌，飯時有臭豆腐干。飯後孫伯顏夫婦攜大鰱魚一尾自鶯歌來，胡一之夫婦來，攜四孩，余讓一之打牌。同梅蔭走萬國影戲園，擬觀春情夢斷，時間不合。梅赴西門市場購線，送余至泰康購火爪，未成。余步行至黨部，門房語

余總裁提評議委員名單中，余名在內，無白崇禧。余入佛士房飲水，至臨沂街六十一巷二十四號馬壽華（木天）寓，謝冠生與馬木天請李石曾師及師母、徐漢豪夫婦、謝振叔、周樹聲等作陪，食葷、素菜各一桌。石曾師云穆岱、赫理歐、雷賓俱健在，又云吳先生願往美國養病並見叔薇，便中望余詢總統之意以為何如。出，同劉塵蘇走歸建國北路，今日錢家請孫德潤夫婦，諸人均在，探斗又大負，余歸寧園睡，天氣回熱。

10月20日　晴

晨起不遲而赴車站，仍搭八時半公共汽車入吳寓，陳、吳兩家昨已遷入城內，余命車運所得印刷品及衣被。入會場，正讀宣言，陶希聖所草有內容而語句不暢。十一時閉幕禮，宣布中央委員名單，軍人及特務占 18/48，曾虛白、連震東、蕭自誠、郭澄、胡健中五改未得，陸京士五十餘票亦落選，陶益三以正式委員讓俞鴻鈞，自居候補，俞濟時與程天放同票，抽籤屬俞，俞讓李彌。俞於六次全國代表大會當選中央候補執行委員，讓高桂滋，此次又讓，健中於總裁前頗多讒言，余慰之。攝影後，余就飯堂飯，回吳寓稍休。丁溶清來，浴後同歸，余往晏陳寓小休，閱晏陳舊照片。回寓觀明孫自己能走，以日本黑奴漆筒滾地為樂，吃飯來講蛋蛋。七時余至警務處吃鋁盤餐，總裁演說革命行動要計日呈工，于右任演講在太平洋洗澡，要去從前及近時之舊染之汗。出，坐蕭自誠車至中山堂觀劇，余與張道藩坐三排，梅在十七排之側，胡少安斷臂說書，顧正秋荀灌娘，一、二排坐美國盟友，十二時返寓。

中央評議委員四十八人

（舊評議委員白崇禧、劉健羣、蕭同茲未蟬聯，同茲提為中委候選人，十月十九日先提出通過）

吳敬恆	于右任	鈕永建	丁惟汾	王寵惠	鄒　魯
閻錫山	吳忠信	李煜瀛	李文範	張　羣	吳鐵城
何應欽	鄧家彥	陳濟棠	朱家驊	馬超俊	張屬生
王世杰	何成濬	賈景德	時子周	章嘉	宋美齡
雲竹亭	戴愧生	蔣夢麟	徐永昌	薛　岳	胡宗南
黃　杰	狄　膺	羅　奇	張默君	錢公來	鄺瑤普
桂永清	萬耀煌	堯樂博士	俞飛鵬	洪蘭友	謝冠生
葉公超	嚴家淦	田炯錦	田崑山	蕭吉珊	王宗山

中央委員三十二人

（十月二十日選舉）

陳　誠 186 票	蔣經國	張其昀 171	周至柔
谷正綱 160	鄭彥棻 157	吳國楨 150	陳雪屏 146
彭孟緝 137	郭寄嶠 132	孫立人 129	沈昌煥 119
上官業佑	袁守謙 111	張道藩 110	王叔銘 108
陶一珊 106	倪文亞 105	陶希聖 102	唐　縱
（俞鴻鈞居此位）			
石　覺	黃季陸 99	黃朝琴	黃少谷 98

（保障名額）

胡　璉 170	楊爾瑛 136	王星舟 103	吳化鵬 129
陳逸雲 134	張子田 155	蔣賜福 101	梅友卓 98

候補中央委員一十六人

鄭介民 97	馬紀壯 95	黃鎮球 94	毛人鳳 87
俞鴻鈞 83	谷鳳翔 83	羅家倫 76	俞濟時 75
（與陶一珊對換）			（讓李彌 72）
馬呈祥 101	劉聖斌 88	孫桂籍 79	李永新 103
（保障而得）			
張希文 90	陳甘亨 87	林天祥 77	蔡功南 72

總裁共提候選中央委員九十六人，其未當選者如下：

連震東 71	曾虛白 50	崔書琴 52	郭　澄 39
（改造委員）	（改造委員）	（改造委員）	（改造委員）
胡健中 44	蕭自誠 67	周宏濤 65	徐柏園 17
（改造委員）	（改造委員）	（中改副秘書長）	
李士英 46	李　彌 72	林　彬 13	張壽賢 38
陸京士 54	李源溥 47	余井塘 53	程天放 75
			（與俞濟時同票抽籤，俞得）
谷正鼎 71	張彝鼎 44	胡　軌 64	劉　真 35
孫玉琳 60	許孝炎 14	謝東閔 57	任顯羣 51
趙龍文 65	蔣堅忍 60	劉詠堯 21	顧文魁 24
張　超 46	李惟果 18	余漢謀 38	蕭同茲 25
李壽雍 21	詹純鑑 34	郭　驥 71	段　焯 17
劉友琛 17	李守廉 52	王澍霖	張志和 47
皮以書 72	林　慎 36	王振相 61	何健文 62
黃仁俊 36	陳國礎 54	曹延湘 89	顏繼昌 15

10月21日　晴

晨至立法院略坐，正為請願案商議如何成立，卒交審查。僑務會議開幕在劍潭新村，第二女中學生持木排先行，各地代表隨後入場，來賓在場上拍手歡迎。余乘莫葵卿車回立法院，上樓參觀今日僑情。又入博物館參觀黨史展覽，見吳先生所提黃克強革命計畫書上「開國大謀」四篆字，其時篆書似吳清卿行書，亦伸張有致精品也。回寓飯，有湖南臘肉。飯後走侯佩尹處閒譚，

晤陳子仁，勸修山仔后林場破房。余於前日受張景堯招山仔后食餃，曾入柑橘場，前年重九登高之荒山，于先生作主人攝影之處，余曾戲謂鄉下人不知一大群人上荒山何事，易誤為送葬者。今已改造美國人住宅，洋房幢列，綠樹飾路，汽車飄然，女人、孩童如觀洋畫，惟此一所空房久之不修，殊為難看。聞于右任先生亦主修葺。余又晤劉大悲於辦公室，商歡迎李石曾先生。又過大悲寓，飲檸檬汁，大悲夫人正裁縫和服窄黑綢繡小花者，質良而美，余頗愛之。歸城，余至鄭家告今晚不能往飯。同鄭澈入萬國影戲園觀春殘夢斷，劇情甚慘，於離婚後不得見其子，余悲傷受祥，於主角失戀撞車自殺，余極震動。七時入銀翼應黨史會飯，晤姜伯彰、莫紀彭、馮用、郎靜山等。馮用送余歸，談王撫五先生卒於陷區事。

10 月 22 日　晨雨，下午飄雨絲，晚晴

　　晨祝兼生來商案，同至招商局，余尋施復昌，晤其秘書。廿四日繼光輪自東京來，張岳軍先生寄書道全集一箱，今日先送往收據，託領交寧園。入中央黨部，謝同仁賀我得為評議委員，賀箋中有雀躍欲狂語，余深以為余不當得此位，得之且極不安也。上樓，同趙龍文、孫玉琳、谷正鼎、張壽賢整理決議案，明日將開一中全會矣。十二時方畢，歸飯後至瞿梅蔭家休息，校正居先生哀思錄各稿。四時許曾至田野散步，北路有大路，靜潔而平，今日始得步行，甚趣，比歸雨點濕衣。梅請於五時飯，有蚌肉千張微腥，不如蛋餃之美。飯畢余即至鄭家食蟹少許，明愛飲酒，余約伊復興節五時來寧園小酌。步行歸，遇崔載揚。夜錢中岳、徐銘來，銘為余以小刀割斷右上顎落齒之連肉。此番落齒已兩三日，不能用舌尖舔落，必需人動手矣，銘勸裝齒。

閱民主潮，宋荔山房隨筆記林宗孟（長民）事，云清季閩人官浙而有政聲者，知府有林啟（字迪臣）、卓孝復（字芝南），縣令有林孝恂（字伯穎）、方家澍（字雨亭），長民為伯穎先生之子。又記云梁鴻志（字仲毅）與宗孟不睦。

又民主潮載云唐式遵係西南第二路游擊總指揮，卅九年四月在越焉力戰成仁，其第二縱隊司令為伍道遠，三十九年十一月上旬為匪槍斃於成都昭覺寺前。

10月23日　陰

晨粥後，知中央委員會開全會，未往黨部。入立法院，未有財政委員會單獨審查之案。至稚暉先生 702 病房，晤馮元賽、吳續新、陳凌海。凌海囑余函商陳寶泰保留陽明路 42 號吳先生寓所事，余請凌海請吳先生簽為陳石泉、黃仲翔上總裁書准予以在中央繼續工作機會（此二書吳先生均未簽發），又請簽致陳辭修書為請任侯佩尹為參議及設計委員。出，至六姊處問病，伊贈余周達三帶來香港機織毛繩衣，並約星期一飯，俾余晤達三。出，至雷家，又至淡江英語專科晤居伯母及浩然，商下月紀念會及印刷哀思錄事，居伯母方赴淡水。余回寓飯，飯後臥，臥起閱白皮書外交報告等。出，至永安得自來水筆一枝。至中本，同張百成至明星咖啡，黃女士來陪余，遇俞承椿及張久香女。出，至雷家飯，飯四玫瑰威士忌語兩盃，同冉寅谷、賀鳳蓀打牌四圈，乃回。在雷家閱陳夔龍唐宋元明清五代七律選，余愛蔣士銓項王廟及袁枚詠錢。

得范望（幼博）覆函，觀國慶校閱軍隊之記載，而指為亂寫一泡。范關心於平時訓鍊，戰時士氣，詠一詩以表意。又得悉畫三在滬安全而欣慰。

　　得卜青茂書，不願為高明強入境事致書陳仙洲，此為王豐穀轉來高明強函所託。

　　周春星來求余在請求出境書上作保，其另一人教余求陶百川。春云張崔震華介紹一人往周世安處，其人賓客雜遝，借貸紛紜。嘉茂為共黨清算，在港之港幣十餘萬已提歸，嘉茂與世和父子均在天津。又云張媖不善治生，亦不會煮飯，得款則上館吃一頓，有人贈以麵粉一袋，張出售麵粉，吃了數日。其臥床之床板亦已出售，囚首喪面，已不似從前。余聞悉傷之。

　　項蓉來書，預產期為十一月九日，但據醫云最好在十月底臨產，因骨盤略小，胎兒不宜過大。下周擬停止上課，腳腫退後昨又復腫，每日徒步往校已覺體累。

10月24日　晴

　　晨為新台印刷公司書「總裁言論選輯」六字，久久不得稱意。丁溶清來，贈余紗襪半打。劉象山來，約伊明日五時酒敘。祝毓來，告常務委員十人已選出。余入立法院，為縣市稅課通則，余主以必要者訂過渡條款，通則不必強訂，鄭震宇主每稅訂一通則，不必強合，財政部允重行考慮，乃散。余入配給室，請職員代繳戶稅。回寓休息略飯，李君佩先生來候往台北賓館總裁宴請評議委員，余左右為張默君、王宗山，對面為嚴靜波，嚴左右為桂永清、薛伯陵。諸人以水為酒，相與勸酬，伯陵謂亦可心醉，情致極樂。張其昀報告設黨政關係會議，余以為是。席散，余語總裁吳先生有意赴美，總裁意為不必。余出，送君佩先生歸。至錢家晤張藕兮，方坐縫紉機為人製小兒衣。余又至王家略坐，王、錢兩太送余第二女中。余至長春路，晏太太一人在家。余至中華書局寫書簽，至凌家晤梅蔭。余歸候奚志全，不至。至

泉州街聯合國日酒會，余飲酒兩盃，晤人甚眾，未與余祥琴握手
而與陳霆銳交談。至雲和街飯，張先生之女友在，飯後打牌四
圈，不計輸贏，十時乃歸。夜得鞋一雙，疑是癸芳夫人送來。

10月25日　晴　台灣光復節

　　市長檢閱保安隊，省長檢閱警察隊，有柬來邀觀閱，自十時
半至十二時半，余未往。晨六時起，整理雜誌及立法院所發關係
文書，何者有用、何者無用不易分明，理至九時未清，已覺倦
累。坐車至鄭明家，約五時必來，又至馮正忠寓晤伊妻，問十一
月二日歡迎李石曾先生合式否。歸，至凌家打牌十二圈，四時半
返寓。得金信民寄來書及獅頭山萬佛庵所攝照片，其人與余相值
於開善寺，阻雨不前，余於雨中奮勇登元光寺，其人一行四人乃
追蹤至，約游水濂洞，自峨嵋歸。今日信中言余精神矍鑠，翻山
越嶺，健步如飛，丰采可親，言語幽默風趣，誠非常人也。此為
以老人字眼恭維余之首次，先姊於致中和米行開業時往無錫，旅
館中人呼為老太已不以為忤，余齒豁已久，又參與國民黨長老隊
中，雖未頭白，已成老翁。得馮宗蕚來謁片，伊亦自東京購書道
全集，由吳頌堯裝入余之書道箱中，今日來問到否，並囑勿使岳
軍先生知之，足見愛書道全集之多也。余在南京時，梅哲之已為
自日本購兩函贈余，此為第二次。記此時箱尚未到，不知有無困
難。今日全市懸旗，三萬人受檢閱，隊伍整齊，街衢清潔。余自
馮宅歸，念穎姊如能見此，當極歡樂，淒然淚下。余歸寓寫此方
了，劉象山率長沙朱鎔嫻小姐來，鄭明引母及叔來，同上梅龍鎮
飲白蘭地一瓶。余俟酒過三巡先回寓，同李君佩宴請紀律委員職
員工友，彭廚自動手，菜味佳，何敬之、吳鐵城兩先生未來，同
事均說酒菜均最。飯畢，狄家銑及張君來賀。余至梅龍鎮結帳，

凌宅結帳，回時已拋雨點，三區明日游烏來恐為雨阻。耀甥留條，可否商請周德偉在關務署內借一較靜小室暫為甥臥息之所，因來去及睡眠少均與病體相妨，甥望早出苦海，不得不設法，祈諒之云云。周君署中何能住外人。余天民昨日留字，送來拜候未值甚悵，改日再來。

10 月 26 日　晴雨兼作

　　晨五時起，閱美國與中國之關係白皮書。天明後寫喜聯贈胡雲麟，其所娶周惠基台大卒業，父為織絲商，與許靜芝同一小學卒業。丁溶清來，送余至車站。今日南滙縣主辦集江蘇省第三區同鄉游烏來銀河洞，在食堂前集合，先登記發節目時間說明單，每人收費十元，登記身分證號數，共坐四大車。余車謝承彬、奚夫人、孫再壬等，將十時方發，車上有橫布，又有小旗說明江蘇第三區旅行團。經下龜山橋而下車步行，在台電招待所下，凌、陳兩夫人及同甫已先在所前，大隊休於區公所之中。余等過橋，沿溪而上，有白沫衝石處三、四堆，下為劉銘傳所營水力發電廠，舊房尚在，雖祇發六百啓羅瓦特，而創造在六十年之前，非易事也。上坡至歙縣陳琅予家，政校卒業，今為電力公司員工訓練所副主任，其妻□氏河南新蔡人，燒獅子頭雞湯、金萱燒肉、炒豬干、蒿白肉絲留飯。南溪同鄉所發點心為白麵包、果醬麵包、牛肉香腸、露蛋、香蕉，亦頗豐盛。飯後循原路回，至橋邊有兩卡車木村擋路，諸人下凌同甫所常乘之吉卜車。姚、陳、凌等上坡參觀烏來發電所及游銀河洞，並有陶蔭音樂，衛鳴岐口琴、手風琴，朱也娥申曲，余皆放棄。入台電招待所大池浴，浴後在停車場候公共汽車，最早須三點零五分，余乃改乘立法院游覽車，車上遇段永慶、曲直生、王秉鈞夫婦。至文山中學而休，

停車於蕭處長先蔭樓下，余臥車上，至浦城街而起，車送余歸。余即至凱旋賀胡雲麟婚，遇證婚人許靜芝夫婦，見新娘入禮堂，即同俞良濟回寧園，崑曲同期唱望鄉、小宴等。六時散，余同汪經昌五芳齋啤酒，飯有沙鍋，頭尾尚佳。今日有人講起假退役之不當，又講國防部長與參謀總長不能合作，虞平時相左，戰時受害，有權消弭者為總統府秘書長及行政院長。

　　楊有壬來，未晤，其堂妹有珂係子鏡之第三女，十一月一日嫁鄭興鶴之長男德順，在彰化八卦山溫泉結婚，有壬來問余能往否也。

10月27日　晴，霏雨　陰曆重九節

　　晨起身後復睡，醒而劉鎮南送居覺生先生相片、居夫人一年追思一文及鄧孟碩詩。到中央黨部紀念周，谷鳳翔報告七全開會成果，謂改造委員發表之初，眾批評謂有思想做宣傳工作之人太多，此次中央委員又評軍人及負實際工作之人較多。余意改造時以集思廣益為宜，而反攻前夕自以負實際責任為需要，此乃答工商日報軍人太多之說也。余入立法院，在武昌街黨部審查某滯納罰金之修改，余主十一月中報會。又審議印花稅法修正案，儲家昌、劉振東發表大體意見後，交初步審查。余至永安當，試帶 Cortina 游泳錶一隻，介紹陳宗鎣購自來水筆一枝，上樓觀衣箱，無當意者。同宗鎣入掬水軒食燒鍋麵，劉象山同友朱鎔嫻在座，為付帳。余歸飯，飯後至侯佩尹處臥。臥起參加新蘭亭立碑攝影，遇鍾伯毅、許君武夫婦、林熊祥、王觀漁、薛大可、魯若蘅、羅敦偉、陳伯稼、成惕軒、盧孰競等。黃純青撰新蘭亭記，薇閣詩社三次採取觀音山石，刻碑立於亭左，陰列庚寅上巳修禊百〇五人題名，余亦有名，刻碑者台北蔣福顏。今日于右任、賈

景德、黃純青邀集登高賦詩，陳煙、酒、魚、蟹、饅頭、西點，
飲啖後剪綵攝影。陳子仁導游劍潭山之山角子，其上有初移植台
灣之鳳梨數十株。自麑亭上，上半山而陡，能上者祇八人，自右
經工農家乃下，下為幼稚園側。每人分攜菊花糕，插小菊花而
歸，黃純青手一葫蘆瓢最惹人注意。余坐張默君車，入善導寺訪
李子寬，自日本歸，云永寧寺七大殿全仿天童寺，又講本黨缺乏
宣傳，囑注意。余至長春路，梅蔭正以昨日石獅子比喻不快，余
解勸之，同步行至五常街始折回。乘 12 路至中山堂，走新鋪之
延平南路至俞俊民家，同周達三及崇明朱錫璇（字璠如），又六
姐之表侄女四小姐吃西菜，極飽。飯前後講前郵匯局長徐青甫之
子徐季莊已極貧乏，唐景賢長沙大火後自南門逃出，為土匪擄
去，任匪秘書三年，得頭領信任，頭領病將卒，遣人送下山來。
景賢自漢口寄書回，竟是親筆，三十五年八月返蘇州，現為教
員。九時歸，知羅時實來訪。

10 月 28 日　雨陰

　　晨起身後，祝毓來電話，謂下月一日交接，先開譚話會商
酌。九時往，谷鳳翔主席，張曉峯赴高雄面商總統中央各單位人
選，余表示願為財務委員會副主任委員，討論時於人員緊縮無法
可想。會散，同馮葆民商第四組蕭任未了帳。先至立法院，已不
及開會。在招商局問東京所寄書道一箱，答以須驗閱。余晤俞樵
峯、陸翰琴、王家樾，談東京進步狀況，國營事業交給民營大體
妥善，其有問題之處，一以國利為前提，二聽命於美國，均能解
決。又講工人中不無共產主義者，於工作信條上可以察知。回寓
飯，飯後臥，張會計長□□來，講黎世芬在中央日報各情。徐向
行同出，參觀胡雲麟新房，在衡陽街、博愛路購物。四時後余體

倦，至鄭家，明前日抱大鵬受傷出血，醫囑休息，講一歲四個月
孩跌入毛廁致死慘狀。飯前余同味經赴老松衣攤，在一嘉定潘家
橋上徐寶生衣攤上購得藍絁一段，略有汙漬，做裡子無妨。在泰
康遇趙鐵橋家阿妹，伊住長安西路一百七十二弄六號（自側弄進
十二號）汪宅，姓名為章靜慧，伊姊辦一廠，伊在廠中工作，廠
名和美。夜余覺體倦，在秦啟文處取香港報閱之，知易君左在港
開畫展，題詩公開反共，全不含糊，余頗佩之。余既就枕，客人
四至。一為錢羽霄送同事出售之羊毫，二狄介先送郭慶元（善
之）所題字贈余之派克自來水筆，慶元此次當菲律濱未獅耶區僑
務會議出席代表，溧陽同鄉約卅一日新生社歡迎。三俞、奚未婚
夫婦來譚，四虞克裕、胡希汾來譚。

10月29日　晴

　　晨到立法院立法委員黨部黨員大會略坐，聽谷正鼎、倪文亞
七全經過報告。余以為與政黨運用所需要不十分配合，總須改
良。奚志全來，引余往衡陽街成孚，食豆沙湯糰及小籠包子。瞿
梅蔭為余計畫做夾袍。孫振亞來，為余持戶口名簿，以便請資料
室繳戶稅。飯後周春星來，求余作書致陶百川請其保證出境。春
星名寶寶，其母為女媭，後名雅雲，今名沈阿那，在嚴墓西竺
庵。春星已知其處，前已接濟，茲擬到港向世安、嘉梅打聽仔
細。云母貌與我絕似，言時淚下，此柏年先生所不知也。又周達
三云程太太現與其第二女住香港招商局樓上，老貧而健，四層樓
一躍而上，阿逸不願養他。阿逸為柏年所生，適朱驪先，其妹適
伍叔儻，皆乖離。余出至中華書局，同陳太太迪化街購物，在民
生路廣香居食麵。歸寓，李士英、祝毓來，譚招商局沙秘書云基
隆取物還需中央改造委員會證明，祝歸中央黨部為之。六時夜

飯，秦啟文將以下月一日受訓，今日與馮如玉飲加拿大威士忌，
余飲兩盃。七時赴朱為達湯餅，在衡陽街龍鄉，共八桌，菜尚
可。八時參加簡拔會議，余主每單位拔一人，有人主張甲乙等職
各拔一人，被拔者請秘書長與之譚話，俟某門需要再拔。張曉峯
自高雄返，謂總裁病臥床，商議人士顧問擬緩提，劉文島名張提
出二次，答云不必。余自紀律委員會調至黨史會為副主任委員，
君佩先生仍為主任委員，副之者為洪蘭友、張壽賢。余謂如有另
適當之人可以差委最善。余願落空，曉峯謂此係考慮後決定者。
散會，余入中山堂觀長板坡及西施，十一時始返。

10 月 30 日　雨

　　晨至中央黨部取致基隆海關及新聞處信，海關係作證明，新
聞處請給放行證，朱歐生說應如此。余自外交部見馮宗蕘，招商
晤陳科長，皆為此事。入立法院，遇張承樞等諸人正審問愛國公
債捐款及國營事業隱蔽贏餘，余未作聲，心以為求本身開展，
因而隱蔽贏餘，不上腰包，情有可恕也。出，尋鈕惕生先生，請
伊明日上梅龍鎮。先生謂導淮以江口為沖積，無人與抗，縮小省
區，與南京隔絕分割新省，如江北省會而侵入江南，皆非計之得
者。余甚慚於受聘為評議委員，先生曰自十五年起，在中央黨部
工作將三十年，受之無愧。歸，與秦啟文飲山東老酒，飯後至陳
家，得熟睡。醒而天雨，至錢家與十巖丈及王、錢二太太譚，乘
六路歸，海關箱未到。至雷家飯，晤賀鳳蓀，孝實約往晤于先
生，以車來須八時，未允。回寓，擬同啟文至錢家，未成。得朱
世楷書，項蓉廿八日下午三時四十分（九月初十日申時）生一
女，六鎊，為取名朱家似。夜祝毓來，云今日分配職務，第一組
唐縱，二鄭介民，三彥棻，四沈昌煥不動，五連震東未歸，郭澄

代，六張炎元（國防部廳長，管地勤資料），財俞，設崔，紀李，史羅不動，何人作副未定。

10月31日　雨

晨禮服，往中央黨部二樓簽名祝壽，昨在立法院黨部已簽名一次。出，至洪叔言家，叔言新遷同巷十三號，蘭伯自遷入之日瘧，今日尚有寒熱。余與商空房借給施文耀，伊極願。出，至顧儉德家，其姨母中蝦毒者打 EMETINC Hydrochloride，腿既不能動彈，留余食餛飩，未允。余至碧子家娶件歸，在南昌街遇祝毓。坐汽車至大學書局，購得陽春白雪，有蘇東坡集，索八十，還價六十元，未購成。余至錦帆處，約伊下午往觀叔言家空房，歸而語耀甥，伊搖頭。余寫示四條，伊答今天雨，精神壞，不擬去，錦白來，永樂街大概不成，理由再告鑑伯，謝謝你。余殊悶悶。余與秦、邵、曹、小劉飲白蘭地一瓶，二時梅龍鎮蘇松太月會，鈕惕生先生未到，盧小珠來運動市議員，余及長耀講了許久。散會，同孫伯顏、夏光宇、陳嘉猷夫婦、姚志崇就凌家打麻將，凌夫婦出征。十一時始歸，浴後始睡。日間周春星來。

六時余曾至空軍新生社晤芮晉，知溧陽同鄉宴請郭慶元、周毓浩改在銀翼。上樓遇鮑尚文、王辛寶、尤介貞、史壽白、姚振先之子及母。慶元字善之，現為怡朗中山中學校長，赴國外二十年。毓浩為小學生赴滬學習搪瓷，今在九龍炮仗街一四二號設立基搪瓷公司，以 Lucky 為商標，溧陽人在伊處者百餘人。銀翼菜三桌坐滿，每桌百五十元，極便宜。芮進、郭、周及余、史壽白皆曾演說，余演說時介壽館前放煙火，火星升起，作紅綠花形、星形，美觀之至，改地點時不知能見此。陳君車送余回武昌街二段。

雜錄

凌銘，台航公司高雄分公司屏東輪。

謝紹雄。

陳忱（君素），中央日報總稽核。

孫德昌（字德潤）、黃曰昉（字澹存）。

高明強，九龍渡船街卅七號二樓高敏翔。求香港時報卜青茂託致
　　　書陳仙舟。

高善鍇、馬寶珍，愛國東路七四巷三十六號。

沈善鉉，花蓮第二旅社。

孫伯顏，鶯歌鎮中正一路西鶯里 188 號。

戴天仇，常熟，台中市林森路監吏巷一號。

許世英，新生南路一段 160 巷十八號。

曹俊（字為章），羅斯福三段一巷廿三號，由浦城街底巷入，8701。

李慶鶴，周月娟夫。

胡索非，友信書局。

潘德勤，士浩女，九月二十七日適周恩壽。

吳元曾，成衣，長安西路二十一號。

邵祖恭，杭州人，出版事業編纂，中正西路二十六號，七二
　　　九七。

李楚狂。

林樹藝。

陳寶麟（字冠靈），南陽街十五號 B 二樓。

陳紹彭，陳百年先生子，鐵路管理局松山機車修理廠副廠長。

李清，立法院病者。

張金鑑，信義路二段四十四衖十一號。

張久香，臨沂街二十七巷九號。

劉薖靜，香港九龍鑽石山下元嶺華園路九號。

吃素地方，新生南路 97 巷九號。南亭、智光。

陳行千（三■.14/121），在士東國校六年級級任。

陳錫祚，宗海妻。

陳在山，名寅次子，士林社子（島名）國校教員。

姚南山，姚江宗海長子，福林路 271 號，娶海門陸玉英，在陽明
　　　山總務科。

王守憲，交通大學病生，邵華囑余向莫局長求助。

張岳軍，日本東京都澀谷區若木町十五番地 411。

郁元英，木柵溝子口中興路 23 號。

鄧孟碩，永康街 75 巷十七號。

李韻清，中山北路三段德惠街十四號（或十四號之一）。

楊有珂，臺中縣東勢鎮，台東天冷工程處白冷醫院。

楊有璜，臺南健康路三十六號鹽務總局。

宋晞，父名斤，中山南路十一號之一。娶陳約（訓慈女），西寧
　　　南路 45 巷十二號。

劉月華，陸孟益所託學生。

王祖庚（梅坡），中山北路二段一巷 141 號之八，Tel.2483 轉八號。

童亦慶，男，高一，陸孟益所託學生。

孫仁，晉江街九十八巷五號，金門街口。

孫全杰，新生南路信義路。

鄧文儀，金門街四巷五號，6669。

倪克定，羅斯福三段一巷二十號。

呂松盛，連雲街三十二號，七六八一。

史祖縶，信義路二段 153 號雅琴縫紉班齊耀榮先生轉。

馮鳳根，嘉義東石鄉型厝村，台字 2012 之 12 附 15 號信箱。

朱文德，電話八九○一，泰順街四十巷十號 B。

林啟琮，牙醫。

馬國琳（字蘊華）。

余蓮，報考行政專校司法行政科，報名講數，■402。

巫淡如，余妻，四十四兵工廠子弟學校教員。

余幹成，兵工署，電話二○五四，漢口街一段四十三號。

余祥琴，金華街 118 號，毛人鳳、鄭介民、丁治磐。

萬國賓，海倫，48 歲，德國柏林鐵路學院，杭州南路一段 77 巷
　　　五衖三號。

過守正（復初），無錫人，北洋土木畢業，牯嶺街 72 號。

陳紹平，板橋景星里公館巷二八號。

夏曦，杭州人，四十四歲，北平鐵路大學卒業。

修城，銅山街十號，武清人。

施復昌，49 歲，東門町臨沂街 71 巷二十五號。

周一士，無錫交大卒業，鄭州路三十八巷七號。

李達三，昆明街 136 巷二號。

宋希尚，嵊縣人，美國卜朗大學工學碩士，和平東路一段 199 巷
　　　五弄四號。

巴燇曦，歙縣人，震旦文科畢業。

牛月村，河北曲周，信義路二段 148 巷四衖六號。

王世勛，林森縣人，蘇工卒業。

王企光（健侯），河北安新人，隴海局長，廈門街 82 巷 22 號。

于潤生，泰興人，巴黎高等電氣學校畢業，龍泉街八十六巷十
　　　四號。

丑輝媖，新北投中心里溫泉路十一巷五號。天主堂的巷子。

張振華，石青陽之媳。

田淑華，日本東京人，初適舒國藩，■■生，住天津。

戴恩沼，高雄大同一路■39，電報掛號高雄 2244。

徐祖詒，新店鎮七張路二十四號之三。

李徵慶，桃園南崁五福村 255 號。

曹建楚。

錢煇宁，台北新生南路二段 22 號。

林中行、邵幼軒，趙韻逸介紹。

王志鵠（字思九），宜蘭農業學校校長。

馮簡，4291。

季天行，高雄市主委，託羅震亞輕予處分。

李茂實，原名梅英，袁祥之妻。電報掛號 4743，新營。

雷穎，重慶南路 136 巷十五號。

朱福元，日本東京中央區銀座西七丁目二番地。

李曼羅。

陶敏，吳縣人。

譚金熹，譚彬石父，長安西路 140 號之六，二樓。

新北投溫泉路 102 號。

顧福田，Trans-Ocean Corporation (Panama) Ltd., Room 10, Mezzanine Floor. Telephone Hou ■ , Hong Kong。

劉祖偵，中山北路一段 150 號。

朱育參，泉州街四十一巷十四號。

唐亮，香港九龍青山道寶安道一號二樓唐綽銘轉。

江漢滔，永康街 41 巷四十二號。

金秉全，台中縣豐原鎮豐中路三〇二號。

朱人德，台大附屬醫院第一西病房 113 號。

牛踐初、徐銓、苗啟平、喬一凡、龐壽峰、韓同、陳海澄、儲家昌、
錢劍秋。

江傳水。江惠美，父太平。

陸祐彬、李志英，寧波。

于立忠。

熊濟民，國防會舊同事，鄧翔宇囑為介紹工作。

李培炎（西平），台北頂溪洲中和路第 161 號。

顧儉德，4100。

萬君默，女嘉申，中山南路八巷三號。

李翊民，淡水淡江英語專科學校。

11 月 1 日　晴，陰曆九月十四日，夜月色明潔

晨陳石泉來，下午黃仲翔來，皆問可能效力黨部事。余已函張曉峯，並向伊言之，伊謂辭五屆中委事當代陳總裁。侯佩尹來，同伊成孚吃糕糰、小籠包子。余入立法院領十一月薪，並抱黑嗶吱一段回寓。余以文耀無意往永康街，而十八號一房棄之可惜，因到航業大廈告戴恩泚，命恩泚領錦帆前往一觀。乃恩泚因在台北請房無著，又請回高雄，赴高雄後亦必生悔，此子性情黏柱，有如貢三也。余至凌家，觀陳、孫、凌三太準備邱梁今日壽麵壽席。四圈後，余至公園廣播電台，張道藩為吳稚暉師能復健康作再進一步之打算。內科姜渭臣、泌尿科主任□…□、鈕惕生、李石曾、朱騮先、陳通伯、次仲均到，食電力公司菜二桌，酒畢，諸人發表意大致以赴外國割治攝護腺，及於再發時通管子二說。騮先先生送余至凌家，謂前任紀律委員已極勉強，此次幸勿派伊。余至凌家再打牌，至十時始歸，月色晶瑩，一星獨耀。孫再壬謂癸巳之下半年返攻，甲午共產黨必敗，昔居先生亦以割臺復臺為奇，謂甲午必歸，余得於璜涇度六十生辰，最為幸事。

11 月 2 日　晴，間有飄雨

晨訪孫德中於泰順街三十八巷一號，先過楊寶乾寓，伊家人少，留一大學四年級生為伴。余與德中商如何歡迎陳通伯、迎接胡適之後，同到雲和街 120 余又蔬家，觀夫人起理裝，服日本料睡衣，留余等牛奶、咖啡、包子、吐司外加醬瓜。出，遇董彥堂等方到大學上課。余謁于先生，請書「居覺生先生哀思錄」八字，見皇象急就章印本。廣祿引新疆二人謁院長訴苦，謂蒙藏委員會木然接不上頭，苟如是回去繳不了差。出，尋朱繩先，夫人患糖尿病，口說餘年不計生死，而兩次問台北大轟炸則如何，其

第三子將赴美國墾務局實習。出，尋梅必敬夫婦，諸小孩表演為樂，遇何墨林，梅已割疝氣，現在民航隊工作。出，訪徐琳夫婦，大寶方自青年救國隊歸。尋曹佩蘅，婿梁及其女出做禮拜，曹云俯食女婿之非計，求余為之謀事。出，尋徐向行夫婦，方出門。過南昌街大學書攤，蘇東坡集索七十元，余未購。在中山南路遇熊叔衡，邀上瀟湘吃白斬雞及三鮮粉，伊甚為余調職致慨。余至三六九三樓參加崑山同鄉聚餐，十八人兩席，余談蔣蘭蓀、季樹煊故事，座中有評朱景之、衛序初任公職不當者。余歸，見文耀在余床上睡正熟，余就盛松如床睡。睡起赴錢家，同藕汾為候逖先小麻將。七時在梅龍鎮，余請飯，魚頭粉皮尚佳。將下樓，遇彭蕭崇雲及其姊婿李德三，德三向余致謝彭利人病歿多余照應。再回錢家完工，乘六路最後一班車回，遇中央社記者方強原，佩余不坐公家車。余至凌家取酒，見劉克寰當四人之一，陳嘉猷亦在。

11月3日　晴，下午雨

晨至中華書局陸孟益處粥，知華九星不能以身作則，並有些糊塗。出，至中山堂聽鄭彥棻僑務會議報告，掌聲四起。余作諧詩云：

膏藥人人賣，無如此賣力，
□□□□□，□□□□□。
聲滿中山堂，人兒看不出。

散會，余告彥棻嗓門太高，彥棻不能改也。歸寓，丁溶清來，余至中本晤張百成，招商局晤陳庶務科長。歸寓，史祖鰲

來，百成遣人送利息。中午在家吃半碗，到鹿鳴村為盧振民夫婦
陪周毓浩，毓浩將於後日返香港。飯後歸臥，林同銁率女來，同
至永安看衣服，成孚食點。歸遇章靜慧，同伊回寓談天，云趙光
祈任泛美航空公司職務，在九龍半島酒店，光祀亦在香港，曾函
請黃季陸覓就，光禎（第九子）患心臟病已卒。出，送至後車站
橫街小弄乃別，余至吳則中代其夫人打老法兩圈。今日冷融庵生
日，飲黃酒，趙君豪、張壽賢夫婦均在。酒半，余至中山堂陪錢
遯先觀西施一回，至十時乃歸。

　　熊叔衡云在十月七日，中央黨部捕去楊自思、周步超職員、
潘德民車夫、鄭建功工友，皆譚益民所介紹，此外又有三人。

11月4日　雨

　　晨吳成衣來送衣，午後陳嘉猷來送利。余曾入立法院院會，
鐘點已改遲，而院會仍十時許開成。十時至國府月會，黃季陸報
告限田，謂減租可以使耕者生活改進，政治認識加增，耕者有其
田據梁士貽年譜，總理晤袁世凱時曾說及，袁並加贊成，又章
氏叢書云清之末孫文已如是主張。余與徐永昌、白崇禧譚笑，桂
永清（率貞）親贈余洋酒兩瓶，余與張星舫、立吳。立吳索酒，
余至煙酒分局訪徐松青，請送高粱酒四瓶。飯後略臥，購葡萄柚
後，至泉州街鐵路飯店歡迎陳通伯（源），通伯明日赴香江。四
時半會成，通伯云去年錢端升曾與伊一信寄倫敦，今年周絜生則
連通信不能，馬寅初長北京大學，北大已遷京郊，胡適之先生得
任世界文化編輯委員，蔡柏林仍在巴黎近郊等語。次杜毅伯、黃
離明、吳祥麟均有詢問，羅志希又講美國大選一段。五時半散，
余至中華書局取衣，陳瞿梅蔭處贈柚。余至張道藩家，宴請越南
鍾裕光，樓桐孫、陶益三、馮正忠等作陪。飲法國酒，菜係家

廚，殊佳，惟西瓜不佳。余送桐蓀回，與其子翼雲握手，翼雲將
赴日本轉韓國為譯員，而醫云肺部有病不能及格，殊悶悶，余慰
之。下午二時祝毓來，未晤。胡光炳、上官俅、林成根、馮葆
民、林鼎銘來報告會中工作近況，未晤。三時戴郢、徐向行來，
未晤。夜李小姐來，未晤。

　　昨日在水果店得葡萄柚二十，今日又得七十餘枚，贈蔣碧微
十，薛冰、李奇峰各一，北大同學約二十人每人一或二枚。鐵路
飯店侍者分柚後，去瓤心置糖成蜜，覺易吃。聞通伯云美國者較
大，英國亦有之，美國人早餐食此。前年之冬余先在士林食此，
奇之，嗣後總統闢行館在葡萄柚試驗場，余請人說應保護，而衛
兵食之既盡，去年此時陳子仁極窘。余同周賢頌游北投，在中山
北路大有戲園前攤上得二十，王新衡聞余愛食，送香港來美國產
者十枚，歷時已久，漿果已乾。今日北大人均滿意，余請客所費
不多，而又帶推廣性質，殊快樂。侯佩尹見之，似自取一枚。

　　徐景薇旅居美國塔克薩斯州 903 Mechanic Galveston，屢以讀
者文摘及書報幾頁寄我，近又寄 Callien's 九月六日出版者一冊。
伊十月二十八日寄余書，云月前曾寄 book 一本，因其中有有趣
文章，茲又寄有蔣夫人畫印本之生活雜誌一冊，又此間每年有一
本照相專集，將一年中得頭、二、三獎之各種山水人物五彩或黑
白者彙印成一巨冊，亦將寄我。又云美國自由、共和兩黨正忙大
選，兩黨演說互以壞話相詆，無話不說，無所不罵，報紙上極有
可觀。

　　張道藩云前月吳稚暉先生已在台大醫院照 X 光，係李石曾
先生及道藩往勸，臥活動床下樓，吳先生疑騙他開刀，見照相室
而心定。照相共歷兩小時半，攝護腺肥大外，膀胱中有結石。結
石事未告訴吳先生，醫云須開刀診療。

余近日健忘，某夜浴脫手錶於浴室板上，上樓忘之，明晨失之，嚴查究後得之。今夜又忘著新呢袍於道藩家，命劉和生往取。道藩客室布置甚美，有小櫥，櫥窗玻璃貼道藩任院長後自書「應極度忍耐」標語，余謂有類中藥店櫥窗。又一窄道中懸道藩相片，余謂應將相片除去，免得使人疑有所供。

11 月 5 日　晴

晨食粥後赴院會，聯席審查國防組織法，行政院副院長張厲生報告與憲法所以異者，為應時代之需要，歷時甚久，疑義滋多，余以為不必訂也。劉錫五要國防部組織法，每會期有所問，行政院謂先解決國防組織而後定，國防部之組織勢將不易訂。余至永安付錶帳，中本尋張百成，閱陳惠夫正大破產節略。歸寓略休，飯後二時中央日報監察人會，八、九兩月雖有贏餘，但開支在一百萬以上，赴省運動會化三、四萬。余謂報之開展與社之節約不妨兩全其美，在職人員應公忠體社，如辦公非汽車接不來，夜班原啜粥改食麵，麵而不在公者亦發三元五角，則余不以為妥。總主筆選定人不採取舉三人請總裁圈一人辦法，此非購物，開估價單三張用比價決定，自陶希聖至李士英皆不如此。士林疏散房屋以完成原計畫為佳，不可因敵機不來隨便改變。日本、鈕約外銷分社應箇別接洽，各地各法試驗。為推進大陸工作儲備人才，則宜一職備一人，此時單學習不支錢，將來分出甚易。三時散，何子星送余寧廬，余以葡萄柚分人，子星二，孫伯顏夫人二，紀律會同仁五，中華書局八，李向采四，老劉、阿雲各一。余至秀武寓，伊抱病與談。後至陳瞿梅蔭，同散步至五常街，日落半圓，梅謂如畫紙飛機拖一圓筒，不知何故。六時半歸，天已烏黑，食家鄉肉、扁豆均佳。八時至錢家打八圈，十二時返。送

李景蘧返家，經後車站內街人肉市場，車夫停車，散兵解絆腿，似無人管理，為之慘然。

日間戴郛、徐向行來商租房事，李家瓊來約明日下午六時再來。

11月6日　晴

晨至招商局陳科長處，知書道一箱外交部已提取。余至部中總務司，晤馮宗蓴，汪公紀在。余得平凡社精裝者書道全集三包，每包九冊，共二十七冊，宗蓴得線裝者為二十六冊，始悟總數為五十三冊，無缺失也。馮君付寄頓、下船各費五十元，遣車送回寧樓，余頗歡樂。午、晚均在寧園，晨曾共丁溶清梅龍鎮酵肉麵，伊並請余理髮，伊昨日已得調，甚幸。下午三時余至立法院，尋不到審查會場，到黨部代文羣主席小組會議。會前同許師慎談居先生周年祭各節，羅霞天談國防組織及隱蔽贏餘各問題。六時候李家瓊來，伊尚未補為長工，囑余作片，託安蔚南設法。李去後，余同黃叔喬至錢家，送錢、王柚各三，同斗、惕打十二圈。歸時叫門久久不應，為鄰婦所呵。老陳近日請假，叫門不便。

今晨中央常會第二次會議，通過副主任或副主任委員如下：

					林玉存諧評云
第	一	組	郭 驥	羅才榮	（添丁發甲）
第	二	組	鄧傳楷	葉翔之	（四分五裂）
第	三	組	李樸生		（原封不動）
第	四	組	許聞淵	任覺五	
第	五	組	沈祖懋	梁永章	（改頭換面）
第	六	組	徐晴嵐	陳建中（六組三特務）	（半身不遂）

設　　　計　李士英　馬星野
紀　　　律　洪蘭友　張壽賢　　　　　　（五馬分屍）
黨　　　史　狄　膺　　　　　　　　　　（交易而退）
訓練委員會　　　　　　　　　　　　　　（委曲求全）
財　委　會　　　　　　　　　　　　　　（錦上添花）
秘　書　處　（一處十秘書）　　　　　　（因緣坐大）
第　七　組　　　　　　　　　　　　　　（棄甲曳兵）

紀律委員：

李文範　吳忠信　何成濬　陳濟棠　錢公來
馬超俊　王子弦　謝冠生　林　彬　洪蘭友
張壽賢

　　　又發表黨政關係會議第一批委員：
張　羣　王世杰　余井塘　胡健中　洪蘭友
黃季陸　程天放　劉文島　端木愷　浦薛鳳
鄭彥棻　倪文亞　周宏濤　谷鳳翔　郭　澄
（餘為　張其昀　谷正綱　黃少谷　陳雪屏
　　　　張道藩　袁守謙　唐　縱　郭　驥）

　　楊定襄得為黨務小組之設計考核委員，翁之鏞在經社小組為
委員，葉寔之亦在黨務小組。

11月7日　晴

　　晨章鶴年偕暢流主編吳裕民來，吳君交楊亮功介紹片索稿，
余陳準期出版、廣守稿、注意鐵路員工文藝進修、宣傳鐵路成果
諸義。入立法院，經濟部長來應電力加價質詢。錢劍秋向余索
紙，並謂余為伊書者伊裱掛在港寓中間，見者稱美。余歸翻閱書

道，始臨僧大雅集王羲之行書鎮軍大將軍吳文殘碑，雖寫得數十字，而意境極適。飯時赴林鼎銘三陽春，伊夫婦五十雙壽宴，集胡光炳、林玉存調設計考核委員會、上官俅調財務委員會，心懷不願，林成根娶人未妥，皆落落。三陽春樓上下皆擴張一間為兩間，余尚初次見到。回寓略臥，梁慧義來，伊夫潘時雨仍未得職，伊悶悶，要余陪伊觀亂世佳人影片，余從之。至六時半片未完，余出至雲和街，正飯。余進兩碗半飯後，同張先生講台灣養女招女婿之種種不自然，及酒家女因陪酒而患胃病，生子女往往父不認領等痛苦。喪事至親送禮，喪家需照價答謝，壽事吃紅燒豬蹄米線，喜事出雞，則新娘來敬酒。產耨歸吃酒燒雞，為小兒請客尚四，四朝、四十朝、四月、四歲，余皆未曾聽到過。張君所歡為顏氏女，中學畢業，張君與生一女已四歲，其家已兩代逐出招來而不成器之婿。余同張君在南昌街茶，茶家女殊勤儉明慧。九時乘零路返寓，俞士英、奚志全第三次來晤余，沈昌煥送來台北賓館聚餐前各照片，余請俞、奚食葡萄柚，稱美而去。余亂夢在床，似被捕，逃入王岳亭姑丈家等情。今日晤李中襄，擬改施文耀為額外人員，余則主支半薪，並請伊派熟人先與伊說。在國際影戲院前遇俞良濟，約星期日組織雀桌，車來迎余時。余送孫秀武油、米，晤苗啟平，知余天民已往任司法行政部刑事司司長，前日周德偉云余天民不知何往，託余蹤跡之，余已赴任。余語苗轉告天民，聾子耳朵備用，切勿主觀甚強。晤梅仲先，知鄭皓血壓高，已進醫院。

11月8日　晴

竟日未作正事，晨李翊民、張壽賢來商居先生周年祭種種。嗣許師慎亦來，奚志全來，蔡培元引陸白岳（惠林）來，瞿梅蔭

來，吳成衣來。余同梅先到永安，為吳成衣存三千元，次至金記購配給竹布，梅購藥。回寓休，飲高粱一盃、乾琴各一盃。出，至瀟湘飯，飯後往川湍橋茶座品茗食柚。余小睡，橋後亂山如塚，座前碧水穿沙，美景良辰，賞心樂事。歸，換衣至社會服務處，為張伯華、李佩賢證婚。晤楊佛士，謂自紀律調設計，不知何因。酒時與張曉峯、崔書琴、諶忠幹同席，曉峯謂總裁晤高雄新造小房患感冒，足痛西安事變所受傷，今復發。張曉峯謂一月來黨事安排尚未就緒，故未嘗作蠅頭細書，從事著作。張之岳母李太太四十歲，殊倜儻，頗招待賓客。禮堂設酒二十席，余於新夫婦來敬酒即離坐，至台灣省銀行應馮正忠請李石曾先生立吃，余食炒麵，極佳。余同夢麟先生談時局，先生車送余回。姚振先將調至廠內任會計，其母、其姊就余商議，余主順勢聽調，但為之作書朱伯濤請其照應。

新興火腿工廠設在彰化縣福山里一號，余所往者為重慶南路一號。售金華火腿，比香港貨便宜三分之一，又售家鄉肉，又比火腿便宜三分之二。家鄉肉係冷藏製造，鹽醃後入火腿滷中凡一個月，再晒七天遂成。其優點在儲藏得久，蛋白質及脂肪分解越多，味亦越香。儲藏方法每次割食後，必須裝入密封之紙袋內，懸於空氣流通乾燥之處，以防蒼蠅產卵生蛆，倘若表層發霉，則係酵肉發酵，蛋白質起分解作用之良好現象，可使肉味鮮美。

晚寧園有女客一桌，係黃楚九太太請杜月笙太太姚佩蘭，陸京士夫人作陪，上樓訪余。謂家用須五千元一月，牌品顧墨三夫人不壞，每次輸贏約兩千元，勞工同盟本月起停止用人，祇保留房子。

在台灣銀行，劉大悲語我侯佩尹病不能興，高熱而臥床骨痛，恐患台灣熱，商余送醫院，余主往陽明山醫院。

　　有戴頌伯、樓浦雲九日在老正興結婚，送來請柬，其住址為杭州北路二十號，不知誰某。又立法院有石晶嫁蕭祖明，十日在凱旋餐廳結婚，余亦不之識，各送去紙半張。

　　錢劍秋語我立法院打油詩：

一聲鈴響會議開，張三（道藩）李四（中襄）慢步來，
會場紀錄剛讀過，哼（趙家越）哈（魏惜言）二將走上台。

11月9日　晴

　　起身上午五時，寫各件後，赴台北東站。赴士林車原為 10 路，今與公館 1 號聯接成 1-10，路線長，收票錢少，人兒擠，不知何所取義也。余待車甚久，每站聽乘客怨罵。至侯佩尹處，知昨服殷醫生藥已稍愈，不需要進醫院。歸，為向文藝創作社請假，赴中華書局尋陸孟益，已出行。歸寓粥，戴愧生來訪，云王泉笙為所辦學校開學已歸馬尼拉，陳耀垣貧乏時，戴贈以金不受，戴君叔母不識字，曾云「量要大，而心不要大」，當地指貪心為心大，實為本黨黨員應守之義。九時至凌同甫家打十二圈，飯時有清蝦頗鮮，梅為剝殼給余。三時半至俞良濟家，裴承藩有他約，良濟約張督學、陶季維陪余打十六圈。歸寓，幸未關門，今日崑曲同期在寧園，余未參加。良濟語我項馨吾已赴美國，曾得徐炎之夫婦同意教伊妻程麗英尋夢，而徐夫人卒不歡項行。俞家擬請客，因免得不歡而中止。今日天氣又暖。

11月10日　晴

　　晨丁溶青來，同至鄭家送酒，並告今晚不往。夜飯至立法院財政法制聯席會議，房租為地方稅，現定應經省議會議決，市縣

來爭市縣議會亦可議決，請修正房捐條例。余到會，因人數不足
流會。出，自博愛路返，太陽光下炎熱，入室則仍可夾衣。飯後
訪侯佩尹，下午呻吟頗作，又乏人照顧，極苦。三時半到劉大悲
宅，伊家葡萄柚一株，蟲傷、乏肥料，結果極小。同大悲至台糖
公司三樓，留法比瑞同學到者徐廷瑚、蔣碧微等約八十人。李先
生講國際圖書館自瑞士遷烏拉圭之故，及常宗會歸匪區，曾加勸
阻不納各節。次鍾裕光呼籲同學組織起來，次推十人負組織事，
余及大悲均被推。六時歸，明孫為出牙又寒熱，錦飯亦瘦。余至
廈門街 99 巷船員俱樂部為中華書局陪賓，出柬邀者為何子星。
先到者為經濟部顧問現不兼商業司長之冉鵬。次俞鴻鈞，言哮病
遺傳而不傳染，伊祖母及父均患之，往日中醫服扶腎劑，今西醫
亦健腎。伊自重慶加重，近日白日用 Neo epinine 急救，不舒時
以半片入舌底，舌底有小血管通心，不數杪心藏大動，可激動喉
開，則病若失。入晚則一夜數次患哮，一、二小時再來一次，雖
服安眠劑仍難睡眠充足。俞去倪文亞來，倪來中央黨部關於電力
公司增加電費，上星期五經濟部長張茲闓列席說明後，立法院主
張緩加，請將□…□計算方式送來後再議，一因增加資本不以公
司債方式而加增，二因十一月起加，而九、十兩月先徵收。行政
院考慮後，今日黨始會議及此，陳誠說明歷時甚久，大概主將計
算方式送立法院，請立法院照通過。經濟部中人均在會場，於是
請客一桌，主客先來一張靜愚。又講政府不配合各做各，黨中樞
無人當家使然，靜愚乃講既配合了而又不算，如糖業公司之稅捐
既與省政府協議繳納方法，又以現款及支票如約繳納，而稅捐稽
徵仍想罰款。次黃克來，食酥合後，余主張上桌吃酒，上火腿之
後，張禮門、徐鼎來，相與終席，余講笑話甚多。

11月11日　晴

　　立法院院會，晨特種刑事案件訴訟條例施行期間延展一年，下午討論戶稅。鳳山縣立中學校長伍勁甫來，抱送屏東橋下所產西瓜一個。余與談高中一年級新辦，明年招優秀插班生。教員英文、算術須請好手，宿舍在校內，住單身教員，一房、一自修室，有兒童之家。住校外在鳳山城中，亦須有宿舍及客廳以備歇腳及消遣，經費缺少籌補缺少之數等語。出，同至三陽春麵。勁甫語我伊任台山縣長時，黃文山相請撥五萬港紙，云伍宦囊逾十萬，余無以應，送五千元，云再送五千，而黃遂起控案。黃之識羅卓英而為省政府委員，余曾出力。又譚雲峰先任財政科太亂，余調伊為圖書館長，亦搗亂云云。余與勁甫探吳稚暉先生，先生方熟睡，前數日每日小溲六十次。出，余至立法院，歸寓，校居先生哀思錄。飯後李自強、凌廣興來，並請送許師慎、李翊民校。徐向行來，云已在中和鄉頂房，押租二千，行租月六百，而李建興將調離，要余覓人租用，而自己不搬。次陳瞿梅蔭來，欲觀中國電影，時間不合，乃至恕園茶，顧家館鍋貼、片兒湯。攜西瓜入中華書局，未六時而中華已飯，食粥後分西瓜與李向采，楊先生在。回中華飲金山蘋果皮湯乃回，歸途覺倦。

11月12日　晴

　　總理誕辰紀念會，要人齊集中山堂，鈕惕生先生主席，羅志希報告總理生平。禮畢，余返寧園易衣。至徐向行家，全眷不在，乃至趙耀東家，郎瑛及母均適。瑛女國梅生八月，極肥碩好玩，耀東初學拍照，為之攝影頗自然。郎瑛款余龍東白蘭地，余病味甜，乃開意大利葡萄酒，余攜至陳瞿處，伊嫌酸加糖而飲。午食菜飯，有加香肉琵琶頭，亦不覺油，大蔥千張肥肉殊美。飯

後臥閱重光葵昭和之動亂，得小睡三回。起，同李太太等進花園，晏太太勝。余至錢家同藕、桑、惕、嚴閒譚，路遇許師慎，伊方至寧園交校稿回。余回陳瞿處，葡萄酒加熱加糖，嘉猷回同飯。飯後於霏雨中候十二路，久久不來，嘉猷夫婦相送，雇鄰寓包車回。校居先生哀思錄稿，上床天熱，易薄被。昨黎子通來，伊母十月廿九日與小虎子書，大師母在南京甚好，不想來台，此乃答覆余之教伊到台。念綴英苦熬而余慣見人家夫婦間常感不快，為之不樂，上床不能入睡。

晨在中山堂晤張懷九先生，賀余移黨史會作副，云你在中央久，事多親歷，不會弄錯。因云曹亞伯述武昌起義，頗多材料而自己表功，人多輕之，張難先一冊標舉其所參加之□□會，故作史要有公心，不能存私心。

11 月 13 日　颱風雨

晨召劉鎮南，請伊持哀思錄稿赴淡水中學，請李翊民閱之。得劉大悲電話，侯佩尹病未減。余至中央黨部，尋紀律委員會，已遷至樓下第五組，三大兩小間。晤洪蘭友、張壽言，介洪與諸同事，並以勤奮、和諧、自修三者勉勵。同事諸人失余如失保母，余亦黯然。余既得車，命車往士林，送佩尹入陽明山醫院，附去新台幣兩百元，並函劉大悲，云車與錢兩有困難。自紀律委員會出，過黨史會小間，晤羅志希，略商會務，志希正擴一間為余辦公用。歸飯，天雨陰濕，請同桌飲乾琴。黃、邵、小劉能飲三盃，李芳華一盃，席裕同不飲，李加焦蔥炒蛋，惜過口重。飯後略臥，起閱蘇東坡詩紀昀評本，極不客氣，豎棍單點，隨篇可見。五時於雨中走西門町，雇洋車貴，候零路車不得，走至雷家飯，飯後即歸。孝實出示楊繼曾贈日本玻璃器一匣，酒盃六，高

作漏斗狀，酒壺體亦高，無味且不穩。歸寓，電燈熄滅，余即上床，閱自由談。八時半燈明，廣播聲喧，余已入睡。

11月14日　颱風雨

粥後至立法院，拉小周至成孚，每人鹹湯糰二，華九星為付帳。院會於九時半始開，張院長宣布缺席審查會者勿在院會提反對意見，發言提條子以便編號，寫明贊成反對以便交互發言。李鈺云請假不可算缺席，余以謂請假還是缺席，如送有書面意見，不蒙採取則為廢棄，蒙採取而意義不周則可向大會說明。嗣討論戶稅無庸經本院通過。下午討論陸海空軍懲罰法，白如初說明謂有如刑法外之違警罰法，說得得體。余於十時出席中央黨部事務會議，郭澄主席。原草案列副主管，余謂事務須單純，宜由秘書處與各單位秘書論定，如舊時之事務會報，不必人多，人多反易生事，而與工作會議重疊。工作會議無副主管，容有不便，須通盤考慮，郭允考慮。會散，壽言語我安頓副主管使得開會，君又何必多言，余以祇許生殖器小便喻之。余至陳夫人處飯，伊煮焦蛋及燒白菜，晏家昆仲頗愛食。午睡後至院會。五時至陳茹玄家，晤其夫人及女。茹玄約十五日兩時半雀敘，余既應之，復憶陳含光先生約飲，打電話到陳家不通，乃向陳夫人說明。夫人關節炎打告梯新，膝腫不能步者八月，近服補劑，已能耐牌聲。西藥之副作用可怕，又想及中藥之君臣佐使矣。出，至朱鍾祺處飯，小達未滿二月，浴時拉住人衣，小手靈敏。余以天悶，上床不美，轉車站至探斗家雀敘十二圈，王夫人勝。余臥桑圭榻榻米，張帳，蚊蟲聲不絕，如將入帳吮膚，久之始能寐。錢馨斯、黃曰昉母女在錢宅晤見，母女脾氣均不佳，時生氣惱。今日高雄颱風成災，風拔屋瓦後，暴風歷一時二十分，人民苦之。

楊幼炯贈重光葵著昭和之動亂一冊，云中曾刪節濟南慘案一段，云重光葵之觀點多誤。

11 月 15 日　陰

晨五時起，在中正東路候車極久，歸寓，門尚未啓。閱報知高雄災情，頗念戴恩沚已赴高雄否。吳成衣來送趙耀東贈中本出品毛貨，毛同文送小花緞裡之夾袍。十時至凌家，辭明日打牌，說明嗣後每月玩一次，十一月份已玩過。出，尋錢馨斯，又歸娘家。回寓飯，有紅燒肉、蘿蔔及焦蛋。午後臥，臥起閱張伯雍吳縣一瞥。出，尋延平北路德昌紙店，已清理內部，由後門出入，尋後門問可購十行紙否，則不可能矣。再走圓圜尋三十五號榮源，則徐、張已久不來，路上一片蕭條景象，到中華書局而感慨係之，吳亮言送余舊書攤。余至中山北路購葡萄柚贈孫秀武，秀武一人正納悶，其廚房已易西平劉某，祖父行一舉人二秀才。上次之丹陽人本業擦背，永樂町新有浴堂開設，其人乃往，月可得千元。余至中本，方知陳含光請客係明日十六。回秀武處飯，飯後同秀武同車，知有為張君寄款，請香港方覺慧匯內地美金四十元，有誤寄給王培禮父可能。秀武云現與百成往來之黃小姐，在南京時屬周雍能，嗣歸阮某，為海軍，有二女，兩個父親所生，恐日後有別情，囑余注意。得通知，十三日常務委員會第四次會議，重新通過十五人為黨史史料編纂委員會委員，余仍被提列第十四，蘭友為殿。

11 月 16 日　晴

晨丁溶清來，伍仲密、郭登鰲來商蕭逢蔚病肺，肺菌已入坐骨，勢已無望，而家屬求治乏資，極為痛苦，囑余助籌兩千元。

既俞良濟夫婦來，同至梅龍鎮食點。午秦啟文宴受訓同舍生，軍
裝者二人，黃叔喬備蟹，余出酒，酒罷已一時半。余至陳茹園打
麻將，大小不和，余負。十時鄭西谷送余歸寓。今日未赴陳含光
先生招，晨作書申謝，下午五時不克抽身，無人替代。

前日曾至國光汽車材料行晤胡雲林，云錢雪元兄弟皆有些神
經，新開貿昌恐仍因資短不能守信用。上次曾虧雲林美金二千
餘元。上樓晤伊新夫人周，大學尚未卒業，與譚算學及栽植弟妹
各節。

11月17日　晴，草山霏雨

晨丁鎔清來，始捐蕭逢蔚醫藥費百元。同至侯佩尹寓，為整
理衣服入箱。乘煙酒公賣局南京門西新橋人何副局長車至陽明山
莊，向吳越潮捐款後，晤謝鶴年，自香港來受訓。余至倪文亞樓
房，文亞苦每日升旗會議擔任主席。余至禮堂向馬星野、李震
東、洪蘭友等捐滿千元。紀念周總裁主席，云必注意組織紀律，
以挽救本黨。讀七全大會之政治報告之半休息，余至陽明山醫院
203號探侯佩尹，重傷風已得痊愈，頭等房每日三十元。余又至
吳先寓浴，出，乘張靜愚車至中華書局飯，臭豆腐、加里雞之外
有鮮魚，飯後回臥。文耀今日遲來飯，不知何故。三時至黨部，
為蕭逢蔚領張其昀批准之一千元。出，至立法院聽張院長苦述不
能加交通費每日兩元，謂自合法、合理至於合情，言詞極慘。
出，至鄭味經寓，知皓於十三日上鍵子產一男，余等至老松衣攤
一觀，無所獲。味經講台灣銀行減低優利存款利息，又暫停止存
單可作借款保證，於是優利存款提二億，比原每月付一千萬元利
息損失更多。飯時有蝦米炒水里寒。飯後至劉文川寓觀三希堂等
法帖，談龍濱為總統寫額，余教伊寫魏碑、漢碑。歸寓，黃壽峻

講高雄颱風於星期五夜大作,魚吹上岸,樹連根拔起,小兒吹至半空,死傷一千人以上,以左營為利害,海軍死二百人,為從未經見之災。黃去,余參觀恆社電影妙爸爸,係教育影片,演畢余接見朱品三夫婦,今午余勸張百成一番。

立法院有經費稽核委員會,其章程向監察院抄來,原為事後稽考,免得院長、秘書長將院中經費任意支配,其實含有搜分性質。秘書處為免除事後該會對報銷發生問題,亦有先提出徵詢該會意見者。該會現為第五屆,以前各屆曾亦接受而處理之。公家經費搜分之後,辦公困難,楊亮功所謂三天七十餘元不敢擅動者,實情實景也。院方則認為逾越權限,不免與主計處長彼此侵越,本宜相得益彰,變為相失益醜。昨見該會工作報告,主本年度交通費每日四元者,祇少每日再補助二元,自本院節餘項下開支。所稱節餘之撙出四項,僅節約可節約之支出為合理,其(一)全部已有開支,除去法定開支之餘額;(二)一部分人事費用,其性質與業務進行有密切關係者,視同業務費用,再予剔除之餘額;(三)現有之開支,其有理由尋取財源,而將其移作節餘款項者。此三者(一)為寬皮預算,(二)為經常費侵入事業費,(三)為騙老房貼私房,至節餘之決不繳還國庫,無待言矣。張院長則聲明應繳還國庫者,決不違法用於預算所列範圍以外之項目,已分配者決不分配於原預算外之用度,以免受違法處分。行政院既不調整待遇,又於臨時費採不分科目統籌負責制度,讓他自生自活之意顯然,此真黨治下之怪現象也。該報告又列福利非同仁迫切需要,似無庸舉辦云云,亦因人多,福利之感受少,不及直接分錢之爽快,此亦因生活上感到威脅,不樂接受福利之現象。

11月18日　陰

　　晨丁鎔清來，云有錢顧問宗淵將赴日本，可託購闊羅。余寄衣樣與朱福元，請其購料縫成長衫，託錢君一月後帶回。余往經濟部謁錢，未晤，在同慶樓麵及包子。立法院三讀郵政法，並討論合作社法，俟有關機關送材料來，再議修正。下午湯汝炎主提出第五條附議人數不彀、陸海空軍懲罰法第四條修正條文。余上、下午皆早退。上午在中華路書攤得日本覆印納爾遜百科全書廿五冊，僅第三冊略有缺頁，出新台幣一百元購得，負之返寓，覺氣力不勝，但心中極樂。下午至黨部繳伍仲密所遞我之蕭仲蔚收據，出，至雷孝實家，孝實夫婦避壽，其同事製衣以祝。余至鄭家同鄭明飯，飯後同田螺眼之沈裕珍走康定路，閒譚始知鄭嫂親往請裕珍來做菜兩日款余，明日便不來，而鄭明堅邀余明晚再來，則將自己動手。伊大腹便便，手腳俱腫，而討好如是，可以嗟歎。余攜百科全書之太破者，請明攜至中央印鑄廠整治。飯後至陳家辭明夜不往，梅蔭遍頭神經痛，與晏陳略說笑乃回。午飯前毛同文來，攜酒同往永康街四十二巷三十□號汪紀南寓飲飯，紀南夫人吳興□氏治菜不壞。飯後余小睡，飲咖啡，並寫入山詩一首，紀南稱善乃返。陳石泉送來新竹橘與檸檬。項蓉十七日來信，住院十日，奶水充足，家似患咳嗽。風災鳳山縣黨部損失甚巨，余晨間曾往招商局探戴恩沚，知其尚未往高雄，伊正開會，未得晤見。下午伊來余寓，亦未晤見，留字云姪調高雄手續已辦妥，高雄方面非常歡欣，宿舍比較易得，初往擬與哥哥暫時同住，將來有機會再調台北也不要緊。余與劉象山書，慰問風災，伍勁甫書，問鳳山中學有無損失。

11 月 19 日　晴，下午雨，夜風

晨車來，即發松山機場，過空軍新生社前，帶梅恕曾到機場，台大師範校員生，安徽人，北大師生。立法院由周大中領車，財政部由俞汝良領車，黨政方面張其昀、何應欽、白崇禧、蔣經國、郭寄嶠均來迎。八時半機到，盧逮曾上飛機引胡先生下，胡先生左手抱花，右手接片，在人潮中浮動，迎接之眾均衷心誠服，謂迎接自由民主。余等在飛機場合攝一影。出，至殯儀館弔王升廷之喪。同杜毅伯至立法院院長室，謂宜以立法院長茶會方式，請胡先生與立法委員見面。歸寓，得二十年前出版之英法法英字典。臥床略休，飯後臥，徐向行來贈以家鄉肉，張伯雍商印吳縣一瞥。余尋錢宗岳，伊受訓，擬託葉端若印。伯雍服鈚素，鼻孔流血，今服林諷莽中藥，血壓減低，今日情況好轉。出，至立法院，商議台北縣議會請修改房捐條例第二條，謂縣議會之決議不必經由省政府核准。余寫一留備參考之決議案，乃同毅伯至南昌街一段 94 號第一銀行二樓國民外交協會，晤張震西、祝秀俠等，開會吳鐵城先生主席，約一小時。余同毅伯至福州街錢思亮寓，胡先生方出訪陳誠，余等請胡先生定期在台大客室與北大師生茶會。出，至梁中一家，今日曹佩衡六十生日，沙洲人，到楊任可兄弟，十餘人共三桌。余同楊佛士、陳桂清夫婦同桌，食三陽春菜，余未敢飲福壽酒。

溧陽人高茂生自花蓮來（方錫坤同來），劉鑑清自澎湖來，以前都是小學教員，現為台灣大學之寄讀生，住西寧南路聯合版四樓，自燒飯仍無錢讀書，要求余致函陸軍總部副參謀長兼編譯處長胡獻羣，求軍中譯印書籍之校對工作。

11月20日　雨

晨葛建時偕盛澤程君敏楚來，程云是施士則育英中學學生，同至梅龍鎮酵肉麵、菜肉包，以其餘請建時帶回工業學校合作社旁宿舍伊妻姚兆如，建時約下星期四夜飯。余歸寓途中，乘姚志崇車，贈以葡萄柚二。余至立法院，出席預算審查第三組，聽張禮門說明台糖公司售糖情形。歸閱暢流，民國二十年在洛陽所晤之售碑帖者名郭玉堂，住邙陽劉家坡，見王廣慶洛陽墓葬與石誌。又閱大陸雜誌，董彥堂毛公鼎釋文註釋。飯時有魚，飯後即至台灣戲院觀法國影片，敘述妓女、火夫、茶房、水手、妓女女兒之死，黑暗者久久，黑暗光明屬於幻想。余聽印度魔師彈琴及妓女舞姿黑白影，為之酸楚，戲畢出院，舉足不前。出，至陳瞿家述之，伊乃願往外國作老媽子。余睡，睡起閱自由談合訂本，天雨不能出行。夜飯時有臭豆腐，飯後雨，陳夫人不許余他往，強余乘十二路回寓。陳堃懷來述（一）其妻又生一子，名陽森、（二）季通有信寄余，問收到否。唐夢華、季通在大陳，施振華似已上大陸。堃懷三月來無車開，生產費祇百五十元，用於陸軍醫院剛毃，余贈以百元。晨沈善琪、善錩來訪，未晤。午有嘉興出獄人某來求助，余無以應辭之，心中酸歉，但實不能再將救濟範圍擴大至嘉興，又不宜介紹往別一嘉興人處，其人唯唯而退。

11月21日　陰，下午晴

晨至院財政委員會，有審查會，簽名二次，預算第三組簽名，今日報告美援。余以十時有業務會議趕往，此即上次召開之事務會議，現改作此稱。秘書長張其昀來說明此會之重要，大致謂常務會議每週祇兩小時，只能討論最重要之案，其餘例案則在工作會議討論，其餘業務之聯繫配合、工作上之技術研究、事務

之統籌、處理工作人員之生活及福利，皆業務會議所有事，副秘書長三人今已分工，說畢退出。余等討論統一發售印刷出版刊物，久久無頭緒，迄飯時散。歸飯，飯後至侯佩尹寓，佩尹已自陽明山醫院歸，出鄭夢禪所寄 *Toi et Moi* 詩集精印本，及陳復禮所攝越南風景鑑湖煙雨一幀，屬題。余至劉大悲寓，商可為蠻大山林場場長否。大悲交履歷一紙，學歷為巴黎大學科學博士、里昂大學農學碩士，著有樟科（安南與中國）之研究及言農書等，曾任北平研究所研究員、中山大學海外部代表、復旦大學教授、里昂中法大學代理校長、巴黎大學中國學院中國政府代表、實業部簡任技正、中央農業實驗所技正、國產檢驗委員會委員、廣州商品檢驗局長、貴州省農業改進所森林系主任、西南墾殖公司總經理、金水農場場長、河北墾業農場場長等職，曾赴暹羅考察。余至居太太處，伊於居先生為蠟燭油燙傷手背，余繳印就之哀思錄及全集目錄，張審計長亦送來于院長撰就之墓表，余擬送登後日各報。出，休於王豐縠床，出於師範學院側，遇包華國，乃不知黃德祿被殺消息。黃妻係受張伯常四弟張季羣引誘，吳人初從中介紹，黃妻後得任校長季羣之力，伯常任市長，季羣任參事，無所不為，包曾勸阻無效。余至顧儉德家，桂伯述蘭伯又常哭鬧，不能容四阿姊，四阿姊實叔賢所愛，既侍叔言，蘭伯逐之出，叔言病實花痴。四阿姊離洪家，僅在朱人德處取五元，近傭於洋人，已略有積蓄，時濟助叔言。蘭伯為朱家領養之女，原以配興弟，而身係石女，不能人道，叔言忍耐數十年，今蘭伯復不能容人，真怪事也。夜飯時返朱家，略飲高粱酒，飯後即回家。

　　檢抽雁得中央日報在台第一次會余所作諧詩，有人批「妙！妙！妙！」

開會原知萬事空，追亡默默一分鐘，

分明前度新街口，畏壘先生在座中。

CC 領袖赴巴黎，主席今朝教「谷兮」（黃少谷），

回想奔逃無處所，中央銷路竟難提。

一場火警去年悲，撫順新機利器追，

港澳飛行銷路廣，譏評衝突幾難支。

一馬當先出大言，太晤士報欲同論，

在台垃圾還追問，稿面有無警告痕。

　　又得在蔣經國政治部主任宴客時余所作諧詩：

大少爺做事太呆板，把主人客人文一半武一半分組坐起來，叫你
們吃些半冷半熱中國東西外國菜，各主任將工作成績原原本本報
告些出來，說到了兩點鐘自己唱原板，還要請各委員來指教一
番，算起來非到半夜子時不會散，外面風風雨幾時得完了，屋裡
頭明明亮，大家心不在此，算是到蔣府上吃大菜聽麻煩、聽麻煩
吃大菜。

11月22日　晴

　　晨沈善琪、善錩來，介信入工礦公司為警員，善琪亦苦無
事，善鉉為扶養小兒始助錢，認燕珊之生活習慣不宜領孩二。沈
去，瞿梅影來泡茶，助余作詩。

題越南藝人陳復禮所作劍湖煙雨攝影片

（鄭夢禪註云湖原名還劍，相傳越黎王復國時，靈龜獻劍於此，王師既定，以劍還湖，因以得名。劍湖其簡稱也，為河南市名勝。）

靈介曾興復國思，一湖波浪疊安危，
朦朧夢裡奇謀在，豹變能張十萬師。
鄭氏恢奇黎氏雄，各傳一劍擲波中，
微茫無盡千秋感，起落晨風與晚風。
陳生妙思藝能隨，雅事禪廬索我詩，
不作輕盈柔漾語，同仇努力在同時。

　　余以詩箋寫成，送佩尹處，在大悲家吃官米黃斑飯。回佩尹處，午睡起身，入中央黨部，向胡希汾借美金，備明日還張岳軍先生書道全集之價款。希汾語我蕭自誠中央日報之社長，係總裁批免去其職可也，所虧款還應追繳。簽呈係根據余之報告，有初次報告認為不徹底，令重行調查，又有蕭所指稱皆子虛烏有等語。余任紀律委員會，臨別紀念，挑此糞擔。蕭大約公款為妻把握，補填不上，但毀棄得如此之慘，非同志間相互對待之道。其罪狀為虧款利用匯額，中央黨部中容可尋得別例，余因之悶悶。抱舊中央執行委員會公文用紙歸，裁為信箋，而夏伯祥又送來毛邊紙一刀。五時余至善導寺一觀，居先生周年祭已有布置。余至錢宅同李景蓬、秦啟文、探斗打十二圈，天雨，續四圈。繁星明亮，街路極適，洗身上床已將二時。

11 月 23 日　晴

　　晨起極早，秦啟文來譚受訓種種。七時半得車，至飛機場迎

接張岳軍先生夫婦，張先生住日本三月，晤接頗多，此次攜總理遺墨數十件回國。自飛機場回，入善導寺拜居先生周年，不禁涕泣。張羅至十時，至凌家，今日孫伯顏生日麵，余打牌八圈，覺傷風病作，乃讓陳太太。余至台糖公司參與崑曲同期，遇周雖辰，售余房對兩付。吳觀海夫婦攜越劇小生，朱小姐即教以觀曲譜之法。最後彩排學堂，春香身段不多。回凌家粥，反攻勝利。

11月24日　雨，颱風

　　晨梅蔭來，同往台糖取對聯，伊為余購午時茶，到長春路煮服。余安臥，得熟寐三次，食粥。下午四時，總裁集立法、監察委員黨員，講五權憲法未能於制憲時通過，但希望兩院黨員能在不違憲狀態下身體力行，電力加價、四十二年度預算及限回三案均望通過。余至鄭家粥，明為煎午時茶，服之乃返。朱佩蘭今日往佩尹處問候，歸來候余。瀟湘酒家吳俊輝贈余白蘭地及湖南臘味，余擬分給張維翰、黃仲翔，尋不到張、黃二君。夜睡尚安。

11月25日　雨

　　晨李徵慶來，求作反共史事詩題詞。嗣陳石泉攜其夫人及女來，其女明任後日出國赴美，中午余在中心診所大菜四客為之餞行，余僅一湯一火腿蛋。其另一人為余天民，已往司法行政部任刑事司司長，該缺虛懸已兩年。余君住單人宿舍，午方彳亍愛國東路，歸昆明街宿舍，余以車追及之，呼來作陪。余君云身餘新台幣二元、美金三元，將歸啖實心饅頭。余等飲白蘭地，食客飯極豐，連說不能負擔，冰淇淋之後又啜葡萄柚，余君贊美。余自聞余天民任刑事司長，曾告苗啟平告天民，謂此一司長係聾子，耳朵長了看看，一切聽憑林部長主張，不必多拿主義。苗君在余

君前一句未說，林部長向天民說分層負責云云，余真好笑，官場乃如此也。余君以余所題蔡先生遺札詩呈胡適之先生，胡先生稱善。余謂胡先生亦不知膺有何能，師弟間又如此，余又為露頭角之學生，無怪今晨立法院一部人擬請胡先生來院報告，一部分人謂不可，余上台請院長茶會請他，不作決議而罷，天下事無理由之緊張，皆由尊重主觀、不相知別人而起。二時自中心飯廳出，攜酒至中央黨部內黨史會辦公室，觀張岳軍先生攜回黨史史料。漢民先生於總理自稱曰弟。鄧家彥上總理，自述在黨經歷有過胡漢民無不及之者，無論當時情況如何及如何意氣，自今觀之相差甚遠，言之滋醜。余戒黨史會睚君勿提有此件。三時工作會議，余代羅主任委員出席。總檢查案交審查，余被派為審查員，紀律案余作說明，省市整肅案之已處問者送回紀律委員會再議。六時至鄭家飯，飯後歸寫此日記，陳嘉猷來探病。

11 月 26 日　陰風，颱風狀態，夜晴，天悶熱

　　晨侯佩尹來，囑修改劍湖煙雨題詩三首。余造句不肯落平，未免生硬，字面且嫌不殼，與專心作詩者信手拈來有別。修正後又重書之，佩尹稱賞而去，約星六午餐晤鄭夢禪之子。午飯時余知今日為陰曆十月初十日，為南洋中學校長王培孫先生□□壽辰，南洋中學校友茶會祝嘏本擬簽一名，知僅限於校友而罷。飯後至長春路陳宅，余絨線衫之裡小褂汗浸，晏夫人假衣，陳夫人為洗濯。余臥床閱二十年目睹之怪現狀，陳夫人述日本兵攻金山衛之日，伊三兄病在天馬山家中，伊自金山取得農民銀行存款，用汽油船拖至汆來廟。翌晨見飛機滿天，乃歸天馬扶三兄，經同里至南潯，縴夫被拉，向區公所索回。經湖州探得沈百先有接工程師車，梅先給司機現洋四十元，或問附車者誰何，司機答云

老太爺之親戚。在鎮江與嘉猷遇向金山之汽油船，亦嘉猷所調
遣。自鎮江之漢口，在漢口得船票三張，引上船者十餘人，時為
二十六年十月。住黃家堰口，翌年五三四大炸後，嘉猷在南溫泉
政治學校任事後，乃遷小溫泉一段，逃難經過甚詳。六時起床，
余訪姚味辛、黃季陸，皆未遇。晤黃夫人，出二子見余，一十五
歲在初二者，體不高大，余勸休學以待體高。黃夫人譚自流井人
羅永揚自陷區出，云向傳義被槍殺，其夫人王苓荑與幼子仰藥
死。夫人之姪王彥立為啟明電燈公司經理者實共黨，在向宅做工
作。向有山林，是年收柴值五千銀元，向之不出非因經費困乏。
余在陳宅飯即歸，石泉未以戲票送來。

11月27日　雨

　　晨車來，至重慶南路三段九巷一號謁張岳軍先生，先生未起，
昨夜夜深始睡。歸寓錢馨斯來，有人生日，伊擬送禮與宴，余贈
以五十金。同至梅龍鎮，余胡葱麵，伊食菜肉水餃，味亦佳。天
悶熱，歸寓易衣，黃仲翔坐寧樓待，云願參觀蔗糖而研究茶。余
至立法院預算，廂座聽郭登敖詢尹仲容購易收入與購易成本，廂
間空氣壞、人聲雜，余不耐久坐，乃歸。在寓飯，飯後臥，臥起
至台灣戲院觀日本影片戀愛蘭燈，白光飾歌女尋母，道日語、唱
日歌。歸赴衡陽街上，購抄本抄法法情詩 Toi et Moi。四時赴台北
賓館，應陳誠茶會胡適之先生，立進門第二，余謂自由中國之發
行人先生可辭，先生謂擬改任編輯之一，余告何敬之以此勸，敬
之曰正須要有人肯講話。徐佛觀作文津貼已停。余晤張岳軍先
生，擬奉還書道全集之價款，先生曰余贈汝，余與平凡社主人
稔，主人為覓此集，炸後此集已不多。六時余同趙韻逸溜出，韻
逸送余工業校，余在服務社剃頭鋪旁得葛建時姚兆如寓，比旗津

為乾燥，亦較大，風災時已來，又足稱慶。遇盛澤人陳太太、金陵大學聽余三民主義學生□□□及徐釗，徐釗正商夕沚佛教團體，擬請建時教日文。建時三女，其最幼時面如無錫阿福，兆如呼為新疆公主，乃余初至台北日，曾見放在衣廚出品。自余識建時，未曾其華居豐食得一日，正可欽可敬。飯後雨，至錢家陪二錢一李打三將。歸途李景蓬談民黨要人之子嗣，如孫如于，皆不象賢，及立法院詢問今日合理者多，不明預算體例者亦有之，晨間李與汪公紀佐尹仲容列席審查會。十二時返，雨點濕新衣，懸晴兀枕上，小病新愈，何苦如此。

11 月 28 日　晴

　　晨赴松山飛機場，送石泉女陳明任赴美，值歡迎群歡迎美國三大雜誌發起羅斯，各雜誌發起人臧啟芳等坐中將汽車來迎。中將汽車者，邵健工指營業汽車車棚有線二條，如中將肩線，皆譴辭也。健工又謂父子之間動物植物慘酷以為常，觀香蕉既斫，將老本戳似肉泥，為子株沃壅，可勝慨歎。九時半返立法院簽名，到中央黨部業務會議，十一時半散會。在寓飯，飯後臥，臥起赴新蓬萊參與蘇松太月會，于景讓講江以南水稻兩熟之憶測，葛建時講軍中生活，側重於大學生軍訓及思想戰等。次姚兆如講伊撤退前所聞。次周還講律師情形，四時半散。余至趙韻逸家，其女拜周長華妻穎若館主為師，備酒一桌，余吃至魚翅出，至夏光宇家打八圈，十一時半返寓。

11 月 29 日　晴

　　晨丁鎔清來，祝毓來，狄介先、純慶來。余至植物院，見水紅蓮盛開。至國語日報北大同學會，商十二月七日歡迎胡先生、

十二月十七校慶、一月十一日蔡先生生日各節。入立法院，舉
黃強為黨部委員。出，至士林園藝試驗所，佩尹宴鄭夢禪子鄭
□□，其女友戴文娟住高雄林森路 199 號，父朱姓早喪。又有球
員羅延則、球隊交際女幹事劉麗玉，劉在河內任越文教員，另
在總督府華民司法人 Beauvei 處學法文。云越南生活便宜，每月
六十美金，個人食宿已殼，法文書亦便宜。其父係珠寶商，兩萬
台幣之鑽石光采已有可觀。一時半散，余在佩尹房睡，睡起崔載
揚來，云夫人偕五子女到台，住北投新民路康樂里五號，致伊白
天不能工作，夜間不能睡交，甚以為苦。六時余至李向采處飯，
遇楊先生，歸途逢孫再壬，請孫、陳二夫人觀民生路東華皮影戲
西游記故事，中國卡通片也。八時半走延平北路歸。

　　得金秉泉台中豐原警察局來信，云后學裘現在上海四川南路
曉得女中，前日有信到香港，託秉泉購西藥。顧天祥亦在滬，陸
敬臨在香港粉嶺杏園農場，陸身體甚好，可以勿念。金之妻因金
藏有槍枝，為張福根報告，福根係張雪洪之姪，匪方向金妻開始
查詢。

　　得戴恩沚來信，伊廿三日至高雄，遇船長田士捷。恩沚擬在
高雄結婚，先與嫂同住，得公司分配屋之後再分居。

　　張純鷗來取去臘肉等，留片。

11 月 30 日　晴

　　晨曾得陳嘉猷電話，云伊妻及孫太太已到中華書局，余以中
午總裁召宴評議委員，不往。包小姐來，張劍鳴來贈酒，林在明
及鄭明贈糖食及橘，余款以洋酒三盃。十時聽胡先生解放蘇俄論
在廣播中，聽得甚清楚。十二時半台北賓館西菜，余陳如電力加
價，新加部分是否免徵百分之三十防衛捐。會散，余攜蛋塲一塊

贈王世勛母。余與李、王、錢二十圈，余勝。十一時乃歸，閱中
譯法國偵探小說。

12月1日　晴

　　晨中山堂聯合紀念周，張岳軍先生作報告，謂日本面臨之困難為防共、經濟、□□三項，又云俄軍壓日本境，人民苟免心理極普遍。十時同唐縱赴陽明山，本日第二十一期卒業，有人接受結業手冊似接受文憑，非舊制，余以為奇。總裁講二十三期為止，今後將訓少數人，為黨政軍聯合訓練，今日畢業之幹部宜知組織第一，情報為先。十一時半散，余至劉大悲寓飯，飯後在佩尹房休息，佩尹做營養茶。四時歸，在寓稍休後，至鄭家飯。飯後歸，俞士英、邵佐新等來。

12月2日　陰

　　晨立法院會，因耕者有其田案報告費半點鐘，餘為討論立法院組織法。余至永安當，購得格子紡三段，遇邊定遠夫人。當中麻皮女傭余與戲耍，云其對人甚兇，伊出責言。余年已望六，惹人不快，極無意思，後當戒之。下午又購得府綢一段。到陸孟益處，還蘇松太不足墊款。三時出席工作會議，國父紀念館黨史會須保留一房，羅志希囑報告，余提出報告。最後第六組為張君勱等發表自由民主戰鬥同盟，其宣言中雖未明白攻擊台灣，但反對任何形態，或假借任何名義的獨裁，反對託名國營而實為之專政之黨所獨佔之統制制度，主張現役軍人不得干政，反對任何黨派統制思想，其心目中似有所指。在場同志主對策者有人，主聯合各黨派反俄者有人。余謂宜注意自己之做法，博得人民同情。六時散會，張壽賢語我今晨陽明山受訓之華僑以不得結業手冊，恐人疑其為共黨，寫遺書說自己非共黨，以刀片自殺。遺書之一為致壽賢者，壽賢同死者往越南，知其思想可靠，願以身家性命保其非是，而鄭介民與鄭彥棻書，云此人不妥。昨總裁云情報

第一，情報之逼人竟如是，而畢業手冊之過分重視，死者亦嫌不智。嗣秦啟文示余畢業手冊，有院長簽名給某某同志，是以代表畢業文憑者。

12月3日　雨

昨午刻起天寒，余始著絲綿袍子，夜蓋兩被，睡得安穩。晨起即赴陳瞿梅蔭處，焦米稀飯，俞康太太亦來吃。十一時同梅出真北平飯，飯後坐茶館一回，觀一點二十分太陽浴血記。三時後至北投新民里康樂村五號崔載揚家，晤其夫人開平梁氏，加拿大土生，在港辦幼稚園者，余留洋傘後，即於新民路上遇侯佩尹，同入鐵路溫泉洗浴。出，至崔家飯，有邊爐、焗雞、蒸雞、釀豆腐等。八時下坡，乘汽車返寓，於浴時晤老蔡，知鐵路招待所充僑園兩月，曾容納三、四十人，情形尚好。今日十時總統府月會，張茲鎧作經濟報告，余未往。楊毓生來訪，路遇吳瑞生學習紗窗，又因參加特務領捉共產黨，又被辭歇。余為伊前途憂之。

12月4日　雨

晨赴立法院，明年度預算審查會，財嚴、經張、糖雷答覆詢問，大致為外匯額之計算問題，米糖比價及糖業公司之開支問題。十一時到中本領息，中華書局領息，在書局飯，高粱酒，吃燻魚火煱。局中以車送回，余略臥，侯佩尹送稿來，為之送鐵路黨部吳裕民處。王介民來，商余坐車問題，取去鍾鑑同人利息。三時至中山堂剃頭鋪略坐，四時立法院歡迎胡適之先生。先生云出席人數祇須五分之一，表決取無記名辦法，皆為良好傳統。英國議員坐凳不彀法定人數，美國參議員儘管講話，不許討論終結，現雖修正四分之一提議、四分之三表決可以停止討論，但

九十六人，每人可發言一點鐘議論，亦須發言四日四夜。五時畢，余至雷家飯，遇丹陽胡邁，云沈鎮南伏法之後，其妻吳淑飛生活困難。淑飛係吳任之先生女，任之先生為公之先生之弟，余擬助之。

12月5日　晴

晨閱報，知盧滇生（鑄）病卒，隨輓以聯語云：

公牘外奉手詩文，能精細又極持平，君自具一身娟秀；
流亡中久淹疾病，積憂傷更遭困乏，我憑棺幾把辛酸。

早粥過厚。余出尋黃曰昉，伊夜班，三時始睡，余未拉伊出，獨至梅龍鎮食酵肉麵。出欲理髮，逢公休。入立法院聽陳誠政治報告，比去年為平達。十一時後休息，余出購輓聯，回寓飯，飯後未能熟睡，亦不願再入立法院。至和平東路陳忠緯醫師處，伊問畫三近況，云與畫三財政部同任醫官。繼至雲和街117號訪含光先生，伊甲午前始返揚州，當時揚州文風尚盛，談方于口，工聯語須得能詩、能曲、能詞、能駢之才，而運以古文之風息，方為能乎。又譚揚州杜鵑以瘦勝，俗珍三寶六珠。出，至朱鍾祺家，臥王豐穀床閱兒童讀物吾的母親，而悲淚濕枕，嫌太刺激孤況，當以能自樹立、能自寶愛為主旨。飯時飲高粱酒，飯後至鮑太太處小坐，舒、張二君同往，約下星五雀敘。舒家衖之前有湖南人售臘肉，曰華得來，余購兩斤送孫秀武，秀武不在。出，至劉孟衢，勸伊勿赴美國。伊夫人彥陶阻之不住，前日留條告余，余今日商陳泮藻，泮云已商謝次彭、段茂瀾，皆不得款。余特往慰，知在五月前坐褥，時衢正熱情赴外，伊作書伊弟不借

伊錢，以阻其行。衢現有三男，陳妻照顧不及，事實上難以成行也。鮑太太講賭伴朱太太種種，舒、張及余皆笑。

12月6日　晴

　　晨丁熔清來，同到梅龍鎮吃湯麵餃及甜包子，尚佳。余入立法院預算審查會，第三組已討論審查報告掙出收入之外，又削改人家支出，有及於苛細者。余未久待，回寓閱錢穆中國歷代政治得失。午在寓飯，秦啟文受訓歸，余述飯菜無精神，廚司不敬其業，近二日尚佳。飯後已一時，余往殯儀館弔盧滇生（鑄），晤鍾毅、姚琮、胡家鳳、張羣、鄧翔宇、陳成、孟十還、王唯石、黃伯度、張篤倫、浦薛鳳等。張先生主祭後，王唯石、鄧均感余之輓聯，黃伯度曰君武做者必有情致，周棄子一聯穩而寬皮，丁治磐云是直餓死耳太直率，鍾伯毅有一首七言輓詩。出，走至陳瞿梅蔭處小臥，未能睡熟。四時出，走五常街過橋，過一小村莊，望見新生北路，購芝麻糖、花子穌路祭乃還，已逾五時，陳嘉猷、姚志崇尋余不得。夜飯有家鄉肉湯煮菜頭，甚佳。飯後余至錢家，奪陶先生座打十二圈，余勝，給陶君紅十元。本夜錢桑圭得材料處就，藕兮臨睡為余備套鞋。探斗、逖先頭瘡未愈，探以手搔頭皮，打牌易傳染，逖先病琉磺軟膏刺激，打盤尼西林反應發燒，十嚴丈傷風未愈。

12月7日　雨

　　晨至永安取雨衣一件、呢料一件與錢張藕兮，意在奉送而不蒙看中。同王、二錢抹牌至兩時，夾衣料還永安。至法科，俞汝良、黃堅、孫德中、周大中、余又蓀已至，共到二百三十二人，余等推台灣同學王民寧主席，胡先生講北大精神清算不了，國家

才自青山等話。散會已五時，至俞良濟家飲酒大半瓶，至王導之家觀彭爾康夫人、陳逸凡打牌。歸，至美爾廉咖啡，歸臥，不能成寐。

12月8日　雨

晨因欠睡，渾身不適，到鄭家辭今晚不往飯。立法院全院委員會，待至十時始開。成蓬一、郭登敖、潘士浩於台糖糖售價每噸 125 至 145 美金及糖之成本，又差別匯率後差價之入帳與否為言。政府之補充說明，糖售價售國際市場之壓迫，四十二年度每噸售美金 125 尚不易確定，成本易不易改低估計。又牌價結入之外匯，糖、米占總額 98%，而米則因軍糧與軍眷糧不敷成本，四十二度約為九千餘萬，亦須於外匯運用項下彌補，故預算上祇列外匯差額五千萬元。至台糖虧損於外匯差額項下彌補，擬暫不編列預算，俟二、三月後看實際情形，另案送請貴院審議。兩院意見相差尚遠。余於十一時半赴錢家還套鞋及傘，錢、王兩家皆留飯。王伯母年八十五，以昨日陶先生生日有贐菜，堅留余飯。余飯後同錢十嚴丈乘局車歸寓，十嚴丈病腿骨瘦酸，余請其入安樂園浴後按摩。余臥邵介堃床，徐銘及其父來，為訴訟將受法院原告之訴駁回，又商余招待記者。劉孟衢來求余為其設法往日本工作。下午休息至五時，至中央黨部參加第一組關於四十二年黨員總檢查辦法，唐縱報告今晨總裁對此又有指示，周宏濤、陳雪屏、李士英、谷正綱均在。會畢備飯，並為余備酒，又食羊肉。今日中午在王家已食紅燒羊肉，晚上有皮肥更美，殊令余想食火燭社酒之生炒羊肉也。飯後微雨，余至梅蔭處閒譚，至八時半方返，夜睡尚安。

12月9日　晴

　　晨赴立法院會，同陳志賡成孚食點，志賡付帳五元。入院行政院長及全體政務委員答覆施政報告之質詢，以陳茹玄詢誰為中國攻守同盟之與國，及何景寮問台灣長期戒嚴何日弛嚴，如不弛嚴若遇緊急狀態何以復加，又詢取締流氓辦法分甲、乙、丙、丁四種不盡合理，應否送立法院審議。十一時余歸，路遇夏曦夫人，求鐵路局出一證明書，余引至主任秘書室。歸寓，錦帆取得藥後候余，要余出廣告為施文耀找尋余寓近段靜室。錦帆瘦得可憐，明孫會吵，文耀怕聲音，常驅母子在風露中。余引至梅龍鎮食點，錦帆無心於此，難以下嚥，余為雇車回迪化街後回寓睡。睡起，有北大老同學徐械在新營，因年老退休後無事，余為寫信給袁善伯夫婦請求設法。余至中央黨部出席工作會議，郭澄允余之公費照給，一年計相差幾五千元，值此利息減低，余支出不能減少，得此亦較能活動。六時至鄭家飯，鄭皓之第二子回外婆家，朱歐生亦在，吃得甚好。飯後歸購 1929 日本印法文字點一冊。

12月10日　晴

　　晨侯佩尹來，商請石曾先生素席，及法比瑞同學在士林開會事。廖南才寫共匪必亡論，囑余向沈昌煥介紹。余同仲翔訪陳舜耕於茶葉公司，仲翔有意種茶及製銷。出訪王子弦，紀律委員會已允給月薪約六百元，子弦得以度日。歸車站，余悉朱綸今日生日，送去家鄉肉一塊，並送仲翔一塊。余至廈門街，尋樓桐蓀寓不得，到狄憲英處晤華繹之太太及□□□，憲英教人領至樓家。今日為方含英與桐蓀結婚十五年紀念，嚴慎予太太述當年桐蓀坐橋自七星崗下觀音岩，與含英初遇於棗子嵐埡口情景。今午到蔣銘三、阮毅成夫人、周佩箴夫人、謝冠生夫婦、趙韻逸夫婦、張

道藩等。三時余隨張車至立法院，出席通過預算之會議，四時入中央黨部，知往國父紀念館視察改以明日下午。余同林玉存、胡光炳關照之後，又與祝兼生談。四時半至長春路，姚志崇已在，陳瞿梅蔭煮菜，飯黃牙菜紅湯、肉絲線粉、肉圓，皆佳。飯後談家下喜事、賬房種種。余又坐車至錢，余梅仲宣自大陸帶出之周虎臣四、五宿純羊毫聯筆兩枝。飯時夏、沈、張、戎諸君，鮑、朱二夫人未至，麻將改期。余抱豐谷所有石印精本三國志，與陳逸凡夫人乘七路回，天已霏雨。回寓，曾虛白來取去曾孟樸追悼冊。梅必敬、沈崇宛來，未晤。陳嘉猷、邱紹先來，紹先取去錢穆中國歷代政治得失一冊。

　　周虎臣筆莊自康熙甲戌年間，初設肆於蘇州閶門內裡水關橋，精製湖穎。後移上海棋盤街廣東路 244 號，有扁方壽字商標，云老周虎臣炳榮氏筆墨莊。

　　真理世界載有美國家庭克難十錦譯文，內述應在生活指數高漲中，仍能維持相當水準的生活。自整軍計畫及援助同盟國，用錢多了，鈔票也一天一天貶值，人家不得不有妙算，以應付生活需要。

一、豐富儲備，一年四季選購過時的而且容易保存的便宜貨物。

二、買東西盡可能多付現款，如有負債，要在盡可能最短期間還清。

三、用分期付款方法買東西，你要知道所應付的代價。

四、當你用錢，必需借債的時候，你要知道所謂信用的六個基本條件，並且要善為運用。

　　債務集中，化零為整，由狠多的債務變為一個債務，由多數債權人變為一個債權人，由每天還債變為每月祇有一天還債。利息減低，問題簡單，還起來容易，你的腦筋可以安定下來，但借

大債時還須注意三原則。

一、用多少借多少，不要多借也不要少借。

二、想一想有無可以作擔保之品物，有則利息可以減低。

三、揀頂便的地方去借。

五、在思想上，你要把儲蓄當作一種日用必需的消耗。

六、要研究如何減輕負擔的辦法，如何避免開支之增加和收入之減少，然後你的收支才能維持平衡。設計省減應付的稅捐，假如你省下五十元的所得稅，就等於你薪津包裹多出來五十塊錢。

七、把你全部收入，和生活費的開支和應納的稅金都要記載起來。

八、買東西要採中庸之道，不貪便宜也不買太貴的式樣，取保守主義，但質料一定要好的。

九、預算表上要檢查、要注意那些極容易為你忽略的漏洞。

十、盡可能想出如何增加收入的辦法，每人都可以操些副業。

　　共匪在上海全市工廠企業成立 9576 個協稅小組，使工廠企業家不敢有絲毫漏稅行為。

　　街霸，共匪指地方上有帶頭作用的人。

12月11日至12日

【無記載】

12月13日　晴，昨夜甚雨

　　晨自寓至立法院，出席財政委員會，聽財政部財政廳代表報告後，處理兩請願案，皆不能成立。散會後至凌家小坐，約明日十時雀敘。回寓，狄擎華與□□來飲白蘭地，飯後余至侯佩尹處睡，二時在陳子仁房閱法國熱帶植物。三時法比瑞同學會籌備，

到梁棟、陳世經、於升峰等商加推籌備員尋房等事。五時至長
春路梅蔭處，姚志崇在，飯後打牌八圈，余勝。歸寓，劉象三
來譚。

12 月 14 日　晴

　　晨丁熔青來，張星舫來，商十七日下午三時中央日報監事
會。余昨晚本擬撰聯云「桐枝競秀，萱草忘憂」賀少屏夫人得次
孫，今晨又無暇書寫。十時到凌桐甫家，共姚志崇、瞿梅蔭打麻
將，自本月起凌家每月雀敘一次。余於午時到省黨部門前攝影，
膳堂食 180 一桌之便飯菜，湖南菜頗可口。余半飽到狀元樓，食
朱歐生次子仲亮湯餅，與少屏女琴同座，知少屏再續弦夫人姓
蔡，住小北門，原配周，繼為岳麟書，有遺照刊入南社叢刊。蔡
夫人民國二年歸少屏，歸葉銘功者為少屏長女琴。余初入南社，
填社員表送寰球中國學生會，晤少屏第一次，聞以輕聲講話。少
屏贈余馬君武詩集。今日湯餅，朱大鵬在狀元樓大便，鄭味經嫂
因之早回，二時繼續在凌家抹牌，戴軼羣來為余代替。余入中
華路大鴻運，飲梅必敬姪女鍾茵適陳大祥喜酒。禮堂有張雲亭
六十，稱觴有華繹之、沈映冬等，書畫余入內參觀，客多熟人，
亦簽一名。梅家所佔為廊屋，余同桌有宋、楊二女賓、公證法官
及二李，其一為李保謙。甜菜後歸凌家，中途赴交通銀行大便，
便仍不暢。再上麻將桌打六圈，結果梅蔭及余勝。送姚、瞿上
十二路，余自北門下車，撕車票者在梅蔭手中多撕一張，有後入
者還余等以全張，余等喜悅。余每打牌，中間停歇出應人家飲
醮，則須覓人頂補，余因之心緒不寧，以故輸之日為多，如今日
之勝則為例外。但凌夫人治點治菜忙，竟日又輸錢，口稱不值
得，現於詞色，余亦覺無趣。晨間上桌未久，梅蔭捉牌不穩，牌

及籌碼落地者，再余罵之「何輕狂如是」，梅因淚流，久久不歡，余今後宜知慎言。

12月15日　微雨

晨未往紀念周，立法院財政與民刑商法為對破產法第75條，基隆請求詮釋，結果謂指先有契約，後供擔保，惟不提最高法院庭長會議。余至中本購料，煙酒公賣局請購高粱酒，歸寓抄法文詩。下午往佩尹處，攜去暢流最近出版者，已將劍湖煙雨圖記登出。四時回，赴梅蔭處不在，觀晏、李等打牌。赴錢家，僅張藕兮在洗頭髮，藕今年三十四歲，江西撫州人，生於長沙。伊洗頭罷，命人購烘山芋，請王太太及敦美來陪，購久之不得。余至鄭家飯，有青氽魚及鯉魚，余食鯉魚子甚多。飯後談鄭家月用不敷，明將出產，在明不能擔負各節。飯後走回，天已霏雨，藕與郁佩芳星期六曾到寓訪余，未晤。

12月16日　晨、午晴漸寒，入晚雨，又回暖

晨起抄法文情詩，你與我共三十二首，已抄至二十八首矣。入立法院參與院會，至讀議事規則而歸寓抄詩，飯後臥，臥起錢探斗來譚。余至立法院時，遇張劍鳴，得伊南昌路71巷12號寓址。入立法院討論臨時提案，余發言兩次：（一）主臨時提案以亟待解決之特殊事項，高廷梓又提舊十六條宜以特殊事項為限；（二）二十人簽名原草案，謂是臨時提案成立，余謂宜改為臨時提案之提出。五時余訪張劍鳴夫人，途遇樓桐孫，送余入七十一巷，至門知即從前何芝園住處。張夫人發胖，面貌不認識，余略坐，知其鄰居為染坊，氣味不佳。出，坐車至陸京士家飯，同鄉王君牌樓市人，其夫人鄞縣人，另有胡君夫人定海人，京士夫人

亦定海人，餘為俞成椿、顧儉德、陸佑湘。吃白蘭地半瓶，電力公司菜一桌，以炒蝦仁、百寶雞為佳。飯後顧儉德車送余至錢探斗家，余坐半小時，搭六路回寓。

12月17日　雨

　　晨抄法文詩竟，九時半赴中山堂，俞弼廷夫婦、黃振玉、周大中、孫德中已在布置校旗及壽字。十一時李石曾、蔣夢麟、胡適之先生到。本日慶祝北大第五十四周年校慶、適之先生六十二初度，到會二百四十人。蔣夢麟先講中外學術之溝通，中國人不究物與物間之理等等。適之先生以其辦農村復興委員會，稱其北大往民間去者。石曾先生講雙壽百福及世界文化交流，被稱北大精神下海。次胡先生講五十四年來，北大遭遇國難至此而極，喜壽無可稱，今日乃紀念北大痛苦之歷史，希望復土之後無災無難，成為世界著名大學，余決不擺脫校長，有負前輩及後生之望。十二時半聚餐，余以周德偉、申慶桂、姜紹謨及余所購之酒勸飲，余舉盃祝北京大學萬歲、胡先生健康，王靄芬、徐芳獻祝壽冊。光復廳西餐還吃得過，同人皆喜結帳，付餐費三千，又還何客一千五百元，余所墊四百元亦歸還，頗為圓滿。余至中央日報，出席監事會，聽社長胡健中報告明年預算 1,700 萬，胡云辦六個月，余約以辦二年六個月。余出席文羣召集之小組會議，五時始得往梅蔭處，如猴脫鎖，似馬除韁，惜天雨。梅頂毛巾煮菜，今日有鹹菜黃魚、紅燒肉、鴨血湯、臭蛋，余食兩碗半。飯後閒談至八時，始搭十二路回寓。

12月18日　雨

　　上、下午皆不赴會。黃仲翔最早來，嗣侯佩尹來，同飲高粱酒，以花生米、豆腐干為下酒物，老劉和香油及大葱極美，火腿味或不如焉。十一時走西門町沿鐵路，東來順吃涮羊肉，佩尹吞啖殊猛，余頻頻申誡。十二時半過國際，觀真假王子，余似曾見過。二時散，余至中華書局與孫伯顏商印張伯雍吳縣一瞥，吳亮言商明年月會日期表，孫再壬商請衛鳴岐申曲。聽姚子崇講昨日同學會擴音器太壞，趙經理叔誠商購故宮倫敦展覽會印本及購歷史書，說商務宜開會並確定計畫委員人選。出，至秀武家，正擴充洗臉室為一間，王培禮已得校中宿舍，而為李康五索去，方肇岳傷風，云秀武肺病復作。秀武未及歸，余坐車至雷家，孝若出應外賓。余飯後返寓，街濕風緊，不敢他往。今日祝毓來，下午並送來余之十二月公費，云工作會議議加 180 元，為 400，昨胡健中亦講監察人 100 太少，亦云將略增加。三年來物價增加，自米二倍至肉八倍，至今年年底雖欲說不增，無人信之矣。本月月米因米價貴，至今未送來，新台幣每元祇值初發行時一角六分。

12月19日　晴

　　昨晚又雨，余尋秦啟文不到，啟文到錢家飯賭。余起身後，七時車出至戴丹山家，問中和鄉房已出租否，知已出租。余又到朱鍾祺家，說今日不往飯，鍾祺子青糞病已愈。余至俞俊民處，告戴房業已出租，食麵包兩塊、咖啡牛奶一盃，六姐病已全愈。余至中央黨部開業務會議，值討論事項開始，除文字修正外，余主各省市失就委員每年 2,700 之津貼停止，而為之切實介紹工作。有人謂區書記需三百人，此項失業僅五十餘人，可以支配，張壽賢主張今年底多給五百元。次討論在峨嵋路設服務所，原案

五萬元，余主加為十萬元。十一時半散會，遇沈善琪於信義路口，伊將在社會處婦運方面謀得一工作，正愁台語不佳。余入台大醫院吳稚暉先生室，先語陳次仲以俞俊民告我者，云關於膀胱結石，吳先生 X 光片檢查大者三塊、小者十餘，需開刀取出，攝護腺可以不割，洩尿通一皮帶。次仲云開刀最少需四十分鐘，無人向吳先生提出，最好請石曾先生來說。余見吳先生小溲殊暢，飯時自病室步行至鄰室向客人云，有謂余病係桿狀菌作怪，宜悉剿滅，乃服藥三日而大便，胃口均不佳。余自惟今天已十九，再過十餘日為四十二年，余當作已九十歲，元旦往總統府團拜，余求如是已足，不必剿除桿狀菌淨絕。至膀胱石殆是事實，孔庸之取出甚多。余鄉俞三蔭先生年九十七，今尚健在，次為王培孫，通管子四年，滴答滴答臥在床上，不知有何趣味。余辭出，先生恭手。余同楊愷齡、吳和叔、□□□入三六九三樓飯，惟爆魚川粉尚有味，餘均不佳。回寓睡，睡起記此。

余入立法院討論議事規則，楊寶琳主議事日程不必經院長閱後付印，余以議事日程為重要文件，應先經為主席者閱過，倘各議事機關議長皆不核定日程，必有出岔子者。張道藩旋亦贊成不要核閱，行民主而不欲有權責者負荷，其人亦樂得不負責，此亦一例也。經費歸稽核委員會，日程歸程序委員會，院長總攬院務，自是虛話。出，余至莊前鼎家，今日前鼎生日，陳嘉猷夫婦已先在。七時中華書局全體及凌同甫夫婦來，團團一桌，以海蜇奶湯、干貝雞湯、蛋餃為佳，飯菜兩沙鍋、兩暖鍋，實病太多。飯後戴軼羣、姚志崇、余及凌同甫打麻將，同甫獨輸，凌夫人在內室抄撲克亦輸。十二時散，余睡中華書局嘉猷床。

12月20日　晴

昨孫再壬、陸景宇睡不著，陳嘉猷夫婦亦睡不著。再壬說十夜有一夜睡不著，劉克襄云腹痛始悟健康之可寶也。在局啜粥後返寓，朱世楷來取去二百元，云項蓉等用，梅蔭來取去薑黃色被面料，云將分余之半染玄色製衣。余至台大法科參加傅斯年二周年祭，朱家驊主席，陳誠演說思想領導青年，並把握時間。胡適之先生昨晚閱孟真遺著，今日分四段報告：一、文學革命中必須有思想革命；二、將舊的材料用新思想、新方法和材料來貫通；三、集團研究（一）直接研究材料（二）擴充材料；（三）擴充研究的工具；（四）反共教育改革。近代化寡自信心。稱其倡新潮、究古義，隨處是一種力量，記憶力強，理解力也最強。十一時半散，余至莊前鼎家，前鼎為龍門同學莊堃之子，吃昨所賸菜。出，尋俞良濟未得，其程夫人出示徐炎之日月潭所攝影，有風景擅勝者。出，至郎瑛處，晤伊母，知昨日為趙棣華逝世二周年，花圈尚陳列門外。耀東後日可自日本返國，譚黃蓮芳已逐小柴，洪蘭友喜每宅派一公家職員照應私家，結果不妥，此種無謂派頭，洪氏樂之。出，至錢家，明日十嚴丈生晨，招夜飯。藕兮出購菜，余伴伊至長春路，上車晤晏陳。余小睡後，同梅蔭至田塍，自五常街上新生北路，得車至三分局前，梅下車。余至瀟湘應徐銘招律師二人，一袁一金，又有俞勔成譚正中書局事。散席，食西瓜，余自南昌路搭㊀車回寓。

12月21日　晴

晨侯佩尹來，余候徐祖武（勗繩）不至。為錢十嚴丈生日購糕餅不成，在成孚得火爪送去，即同陶、王、探斗打牌，朱虛白來，陶讓探斗，又改羽霄。午食麵，余等將燻魚入麵湯中。二時

半余至鄭家，云明日、後日皆不往飯，鄭家做糰子，余約五時往。余至大理街台糖幼稚園應崑曲同期，聽唱尋夢、彈詞、琴挑、跪池、奇雙會哭監等曲。五時拉徐穗蘭入鄭家食糰，送徐入幼稚園，又食麵。歸家易絲綿襖，再往錢家飯，以炒蝦仁豌豆、清蒸魚、芥辣牛肉為佳，繼續打牌八圈，至十二時始返。今日陳逸凡約二時雀敘，辭之。徐勗繩偕洪亦淵來訪，未晤，勗繩贈洋酒兩瓶、火腿一隻。

12 月 22 日　晴

晨丁鎔清來，侯佩尹來。余分勗繩所贈火腿為六份，坐車出贈鄭、雷、李、陸，與京士夫人同粥食小糰子，昨夕冬至夜，今日冬至。出，過長安橋為汽車濺水，凶泥汙衣，陳太太為曬刷。伊煮琵琶頭之四分一為菜頭湯，極鮮，飯後並食梨及蘋果，在陸家食芥菜頭亦極美。二時回寓，閱雜誌俄共北海道之經營，坐椅小寐。洪亦淵、徐勗繩來，勗繩在港為家庭教師，舞女、傭工之子，及杜家、盛家均請教書，所得尚可度日，以入境期限到，故於前日到台北，現住一崑山同鄉家。語余巴澤咸到上海，曾相晤於朱若蘭處，後返崑山，為債務所迫自經死。趙懷璧曾任鎮鄉長，被匪殺死，章慶諏亦屢遭問詢，必令交出章希三始罷。章希三在徽州，慶諏仍得經商度日。此四人皆余在二高任級任教師之學生，衛序初、朱敬之被殺消息未證實。五時洪、徐去，陳天任來，送新竹大橘子。吳望伋招吃冬至夜飯，余同路平甫、張經理震同往，在和平東路幼稚園中，小房間布置聖誕節景物，食立法院俱樂部菜一桌。八時散，余至秀武處略坐，坐車返寓。

12月23日　晴

　　晨丁鎔清來，同至松鶴樓吃葱開洋煨麵，侯佩尹來略坐。余入立法院，聽討論考試院職位分類委員會條例。十一時返，閱舊日記。午後臥，臥起鎔清來送籌碼，余晨間見拍賣行櫥窗有此，曾問價也。飯前朱了洲師及龍門一同學來，了洲師將往日本考察體育，余托購展大古法帖及其他首尾完全之碑帖。下午二時半往賀西寧南路記者之家，兩開間、三層樓，下層為咖啡，三層開會，二層交誼。余晤陳訓畲，張明房西曬，沿街熱鬧，無宿處，通詢電話無特殊設備，此為缺點。余至中央黨部代羅志希出席工作會議，余打消清查李友邦在各級黨部之舊存關係原案，分志行無可置疑者，加以撫慰，祛除其不安心理，使樂為黨用，有重大嫌疑者，搜集事證，囑從政同志處理。余謂本黨歷經變亂，從未明文清除反側，結果不列。此外通過史料編纂會組織規程，聘任編輯委員為無級職，此外修正文字，余發言兩、三次。六時至東來順，請李石曾先生及師母、李韻清、宗侃、徐海帆、皮作瓊及猶太籍法人魏業為客，吳肇周、陳國榮、李亮恭、劉大悲與余為主人。魏業 M. A. Weil, Docteurs ès-Sciences Juridiques Président 1re de Cour d'Appel de 1re classe, Paris 係石曾先生友，來台觀光。食素菜一桌，八時余至梅蔭處訂明晚往飯，遇石太太秦淮產，住台中。

12月24日　雨

　　晨侯佩尹來，同啜粥後往暢流社，請寄河內鄭夢禪以暢流兩份。同往中山堂前候人未得，余在祥生拍賣行晤孫芹池夫人，夫人年四十餘，看來一些不老也。余入永安當，知朱鍾祺在破產前受押之金竟提起公訴，而徐銘來，云余祥琴竟說徐家四人強佔伊屋。司法界竟有人利用法文顛倒事實，余為徐銘致吳主席、浦

秘書長一書，不知能生效否也。在寓飯，飯後臥，飯前南昌萬君默來譚，言長江流域文化太湖區第一，鄱陽、洞庭當次之。伊家知淮北水利，伊八叔早云循淤黃河故道來導淮，勞而無功，今循□、□兩河，而一部分入江，共產黨用此法，而又在上游逐河設水庫，流減而道通，或能成功。下午余陪包小姐食麵，余至梅蔭處午睡。入晚同姚志崇、孫再壬、陸孟益飲四玫瑰半瓶，在陳家飯，飯後八圈乃回。酒後頗覺乾燥，四玫瑰乃新酒也。

12 月 25 日　晦雨

晨、午均不樂入院中開審查會，校對所抄法文詩，臨趙松雪天冠山題詠。延祐二年子昂六十二歲，書篆、籀、分、隸、真、行、草書，靡不精工，余又佩其章草，自顧希平書畫展見孟頫章草題跋一則，知子昂得力在此，其字能沉著者用功深也。余至懷寧街復興書局尋王豐穀不得，留書謂杜維藩無意經營羅東亞東紙廠，梅頌先所謀落空，鍾祺案提起公訴，意欲使鍾祺吐出金子。出，自馮正忠寓，云葉吉益在廣州所生是女，係在正忠寓中所生。出，至鈕惕生先生寓，請明日來蘇松太月會，先生謂天晴較健，天雨頭痛。出，至俞俊民寓，時中半年內不回國，俊民愁住所發生問題，又述三軍大考未參加，身在國外之楊院長亦受處分。午在寓飯，飯後臥，臥起至中華書局，吳亮言為抄答賀年片，並允付印。姚志希約今晚請律師，余來作陪，未允。走杭州南路一段，朱育參廿一巷新寓係貨運服務處儲藏室之前半垛，鐵屋架三萬元，裝修又一萬餘元，一廳一房，空地尚多，余遇巢縣胡君夫婦，余飲清酒半盃。出，至同路 105 巷八號，尋凌同甫夫婦新寓，再至雷孝實寓，同華縣謝君住台中者飲介壽酒一瓶。酒後唱彈詞、折柳各一段，今日孝實新得一細管笛，不大受吹。余

歸寓，同男女工人說笑一回乃睡，寓中因缺煤，三日無水供洗浴。晨出門時晤朱世楷，約明年一月三日晚為伊女雙滿月請客，使余在場，以增熱鬧。

12月26日　雨

晨院會討論追加預算，去時同李徵慶，徵慶索題反共紀事詩，余辭之，余以重在死事之壯烈，不以題詞重也。十一時歸，在舊書店遇葛建。歸寓，雨窗讀法文詩，詩意忽熾，作詩記酒事。

論飲四首

回暖冬殘意更綿，濕雲和霧沒重山，
侵衣撲面絲絲雨，覓醉非難取境艱。

繁燈照座過圓圓，呼我傾盃值甚閒，
卻為舊徒無覓處，掉頭不顧淚雙潛。

未必縱觀插架書，亦難絮語與瓊裾，
偶然靜對儻攜酒，山落闌干案有魚。

一聲長笛蕩人腸，按譜原無這樣腔，
已是瓶空筵半散，何妨竹肉偶相忘。

飯後略臥，臥起即赴蓬萊閣二樓蘇松太月會，到蔡國華、茅怡安、姚志崇、安蔚南、徐祖詒、陶一民及女圓華、周還、莊前鼎、王士勤、徐東明、章慎言、鄒敔公、杜逢一、于景讓、馮簡等六十餘人。徐培先購大陸情形、香港難民及商業，崔瑩唱刀會

開篇及描金鳳、徐惠蘭宿店，徐漢豪講一彈棉花婦聽彈琴笑話，張宜宜同趙胖之方言笑話。天雨，諸人盡歡而散，凌繩武隨余回，為余拷背。六時余至黨部，先同羅學濂、陳天鷗飲酒，次同立法院委員及崔書琴、邱昌渭、端木愷等坐譚黨政關係。余主：（一）根本成立黨團，總統、行政院長、立監委員先交換意見，然後提案立法；（二）五院均走了樣，需敲之使正，宜顧及實際政治改組，縮小省政府，改善經濟政策，清平軍法、司法，以蘇民困，然後院務亦有意義。十時散，崔車送余雨中，歸寓浴後睡。

崔約立法委員十人，彭爾康、孫桂籍、齊世英講了先走，陳顧遠、張慶楨、楊幼炯、鄧公玄、蕭贊育至會散，楊公達未來。

12 月 27 日　雨

晨起丁鎔清來，約觀午後一場臺灣暴政末日記。同出，余走重慶南路，穿公園至中央黨部，參加業務會議。明年元旦以晨九時集臺北賓館團拜，不再私互拜年。又議逐年造職員宿舍，預算列二十萬，可容三十餘家，餘人無屋者領房租津貼，津貼尚未定數，預算未列，算來為數不少。今日議而未決，鄧傳楷主不造房分錢。余以十時公祭蔣伯誠，抽身到善導寺，第一次各界公祭方散，余排在監察院公祭班中，弔客甚多。伯誠去年此日歿於上海，曩為黨拉魯省韓復榘歸順有功，曾任浙江省政府委員及浙江監察使，今日與祭者人不少。余至長春路付晏太太賭賬，拉梅蔭至寧園對酌，老劉為備花生米、豆腐干，飲白蘭地三盃。出，至渝園經理之蓉村飯，雷燕珊為招呼，菜山芋粉蒸肉及豆花火鍋。十二時入台灣戲園觀暴政末日記，情節極亂。二時散場，值天雨，再入萬國觀三對情人滑稽片。四時梅入國貨公司補襪，余至

俞俊民寓，周達三已來，四小姐及未婚夫亦在。六時一刻食四蔬菜及肉、魚、蝦及奈良漬，余等所譚事東麟西爪，雜記如下。

張蔥玉為沈尹默所拉任故宮博物院副院長，南潯各家慮蔥玉將口頭獻寶於偽朝，不悉下文。

張靜江曾想購進證券交易所，其時北方將小戰事，股票跌價，惜現款皆集中在建築馬斯南住宅，坐失良機。達三主先購進一部分，張先生認為無意思而罷。

張靜江上海大慶里住宅為兩開間，正樓張夫人所住房，後一間為餐廳，其側廂一寫字檯臨窗，兩頭一凳、一沙發，檯後又一長沙發、一電話機，為二先生運思後下令所用。今總統蔣公常坐檯裡一沙發上默不作聲，亦不管人家閒事。

二先生所營之交易所失敗，頗有倒賬，中山先生曾自廣州匯三十萬鋪平，債權人頗感激之。

上海最早有取引所，有日本股，謝孟軍為職員，本黨最早經營交易所亦有日本股，相約日本股不在市場出售。

寧波幫在交易所中作弊，時二先生任交易所理事，命周達三代表二先生與虞和德打官司。虞僅出面而已，其主謀為趙芝室、盛沛華。

來遠公司有俞寰澄，為通運公司之叛途，頗多陰謀，柏年先生最反對之。

六姐云鈕有恆曾在高價時出售戴季陶所持有之乾股票，鈕之經濟基礎定於是。

秦惠嘉固始人。

12月28日　晴，下午雨

晨丁溶清君來，同出至青年會食西點。中午秦錫疇夫婦及岳

母攜八個月新生女來，陳伯龍夫婦、楊宏藻夫婦攜子來，秦啟文留飲，盡淡黃色菉豆燒酒一瓶，瓶罄，余又出徐培所贈白蘭地一瓶，瓶又罄。彭廚所燒海參火雞及蝦仁豆腐頗可口。余醉臥邵介塈床，郭竹如來取去長衫，云伊妻將赴香港，擬為余製衣。三時王士勤派車來候，先同王豐穀、徐復人打牌，不知所云。夜飯時有律師二與余譚話，共兩桌。余至凌家為梅打牌，將贏頭輸去，又余負五十元。十一時散，余又走雨中，孫伯顏將車送回。上床酒發，熱水瓶中無水，極苦。

12 月 29 日　晴

　　晨在寓飲水，食稀飯，胸中不舒。到中央黨部任紀念周主席，兢兢小心，許孝炎報告香港本黨景況。歸途余尋昨遺在王士勤家手錶，即至佩尹寓，佩尹為燒麥片。余睡至下午三時，返陳宅，梅蔭為煮酸菜麵，同凌、姚、孫打牌，將十二時乃歸。余怕關門，門尚待余上床睡熟。孫全杰來借去小帽、長衫，毛同文、何芝園來贈酒並還書。

12 月 30 日　晴

　　晨侯佩尹來，金仞千來，丁溶清來。佩尹讀余詩，謂格老句新，頗有進步。溶清云錢學淵已自東京返，尋不到朱福源，未將舊長衫帶返。金仞千託余致書盧吉忱，謀考試院職位分類事，中午余與賈煜如言之。余至立法院院會小坐，領錢後即歸寓，寫賀年答謝片一百三十分。中午台北賓館評議委員宴席，係過年飯，菜特別好而味不佳。余論酒詩寫與桂率真，洪、羅、袁企止均見之，洪云此宴請君記住我與你是陪客，勿誤以自身為評議委員，羅賞余「山落闌干案有魚」句。昨晨紀念周總裁說笑話「我早知

你立法委員，恨不撞死你」，並說電費加價已兩月還不通過，既而知行政院送至立法院為十二月廿九日，笑曰「我那里弄得清已經歷幾時」。余語張曉峯不要再罵立法委員，張曰誰去勸他，余以語周宏濤，宏濤云已報告過，我亦不常在左右。此為賓館飯前臨水石砌所講之話。既就座，總裁問自五十八改至卅二，何以立法院還不通過，有礙反共抗俄大業，昨晨反對者何人應查究。我意行政院撤回此案，不必立法院通過，用革命方法來處理。張道藩說明經過，總裁云我之生氣與汝無關。席散，余與岳軍先生言之：（一）民眾反對加價，怕影響物價；（二）電力公司確有浪費，立法院擬加 25-28.8%。凌英貞今晨將詳細情形語余，余心中了然，總裁既盛怒，余辭簡不能達意，辭冗恐惹其他枝節，余只得隱忍不言。歸寓小休，梅蔭來問明晚往夜飯否，余送伊至美都麗。入鄭家飯，有基隆所得大陳島鹹肉，味比台灣做得佳。七時與味經背余輓二母舅詩，淚瑩雙睫。歸途皓月當空，余吟詩一首。

撫生十絕句

繁燈鬧市月臨空，追撫生年感不窮，
淒絕孤兒今望六，其時抱母眼冥濛。
（余生光緒乙未十一月十九日，今十一月十四夜為生日，前五夜過西門町，見皓月口號）

曾舉兩兄次第殤，獲余差足慰重堂，
可憐吾祖春間歿，父掩桑弧哭一場。

長姊與余差六歲，生平祇是望余強，
身甘操作護持切，輕別長離意倍愴。
（姊穎自幼讓弟上學校攻書，自甘操作，自三十八年二月五日相
別於上海楊樹浦海平輪畔，四十年五月傳病歿南京）

抱領還勞祖母徐，晨風拂帳紙窗虛，
常提糞土箕兒事，落地生根寶汝軀。
（俗例以糞箕接嬰，故賤之寶寶之也）

抱兒覓乳外公痴，下帳吹燈餵尚疑，
授乳毛嫗今八十，嘗云仁老美豐儀。
（外祖陸公子仁以余羸瘦，抱往外祖母族人家覓乳，余已能辨別
非母氏也，必於昏黑中始勉強受餵。及余既成長，毛嫗為余言之，
並云余外祖容貌映麗，所過處田間婦女目隨手指，忘其鋤把）

還虞殤折金環繫，左耳針穿記母恩，
飄泊海山歸夢惡，橫流有淚濕穿痕。

已知比興言甫能，薛家橋畔抱游曾，
歸向娘呼索馬馬，攜錢指買水紅菱。
（三歲時事）

遺傳有病瘦如柴，山氣漫云日夕佳，
夜啼行抱親辛苦，晚知居葉與余皆。
（病疝氣，知交中居覺生、葉楚傖兩先生與余同病）

水缸作鏡弄脂粉，前門呼飯追陳張，
急公愛美遭頓仆，眉間頤下傷痕長。
（張洪、陳鑑寶為先君兩學生）

甲午兵敗國方罷，割台乙未余始生，
勝餘又陷來台北，志切匡復詩心聲。

12月31日　晴

　　晨張壽賢來，云君佩李先生因血管硬化而右下肢血壅塞不通，昨午入中心診所，形勢嚴重，已電香港請伊女及繼室某氏來。余即同至診所樓上外科，張先林醫生在，劉和生陪病，馬星樵夫婦在，右足用冰囊防腐，上腿尚有知覺。先生問余張醫生是否第一流，余勸更加餐而出。至立法院討論電費加價案，准加百分之 32.2，自明年一月起防衛捐新加部分免除通過，余於休息時歸途。王介民來取賀年片去分發，上官俅、袁永錫皆來邀生日酒，辭謝之。飯時覺飯菜略有精神，飯後呂著青、朱品三上樓，謂樓下周炳生請趙耀東有空座，拉余填補，余又食翅席一分。耀東自日本回，購不到僧服，羅亦購不到畫絹。席上談中本添一千二百細錠等事。飯後余同著青譚，伊謂友情珍貴難得，同余步行至中山堂側而別，伊云張秉三光宣人畫十二幅為賣得五百美金。余入中央黨部參加工作會議，報告國父史蹟紀念館青年救國團暨木椿圍草地，主席張曉峯云謂宜照原分配案，由秘書處去函勿喧賓奪主云云。四時洪蘭友召集李先生病況緊急會議，到吳鐵城、朱家驊、謝瀛洲、鄭彥棻、葉寔之、馬超俊等，謂下午三時不能言語，已入昏迷狀態，不得不計及後事，囑余寫略歷。余歸取件，往紀律會，已燈黑無人。坐班車到朱厝輪，走長春路，同梅飯，飲酒半盃。飯後於月明中走

錢宅，藕兮方製衣贈陸味初子，探斗在王家鬥牌。逖先久分配得
房，探催伊搬家，剛剛搬出。十嚴丈已睡，謂明日清晨來寧園，余
辭謝，乘六路歸。月仍皎潔，久之風起，動玻璃作響，余五十八歲
將盡，心意頹喪，不可收拾。近日離余生日將近，對月感傷，吟詩
涕下，極難為懷。李君佩敦品勵學，耿介成性，時以懇摯語與余論
黨，余所是非伊能容納，對余確是提拔，黨失此人，紀律失主持之
人，難尋適當替代，余不得不悲從中來也。

民國日記 107

狄膺日記（1952）下冊

The Diaries of Ti Ying（Diffoutine Yin），1952
- Section II

原　　著　狄　膺
主　　編　王文隆
總 編 輯　陳新林、呂芳上
執行編輯　李佳若
封面設計　溫心忻
排　　版　溫心忻
助理編輯　詹鈞誌

出　　版　✿ 開源書局 出版有限公司
　　　　　香港金鐘夏慤道 18 號海富中心
　　　　　1 座 26 樓 06 室
　　　　　TEL：+852-35860995

　　　　　✿ 民國歷史文化學社 有限公司
　　　　　10646 台北市大安區羅斯福路三段
　　　　　　　37 號 7 樓之 1
　　　　　TEL：+886-2-2369-6912
　　　　　FAX：+886-2-2369-6990

http://www.rchcs.com.tw

初版一刷　2024 年 11 月 20 日
定　　價　新台幣 420 元
　　　　　港　幣 140 元
　　　　　美　元　20 元
I S B N　978-626-7543-32-0
印　　刷　長達印刷有限公司
　　　　　台北市西園路二段 50 巷 4 弄 21 號
　　　　　TEL：+886-2-2304-0488

國家圖書館出版品預行編目 (CIP) 資料
狄膺日記 (1952) = The diaries of Ti Ying (Diffoutine
Yin), 1952 / 狄膺原著 ; 王文隆主編 . -- 初版 . -- 臺
北市 : 民國歷史文化學社有限公司 , 2024.11

　　冊 ;　公分 . -- (民國日記 ; 106-107)

ISBN 978-626-7543-31-3　（上冊 : 平裝 ）. --
ISBN 978-626-7543-32-0　（下冊 : 平裝 ）

1.CST: 狄膺　2.CST: 立法委員　3.CST: 傳記

783.3886　　　　　　　　　　113015968